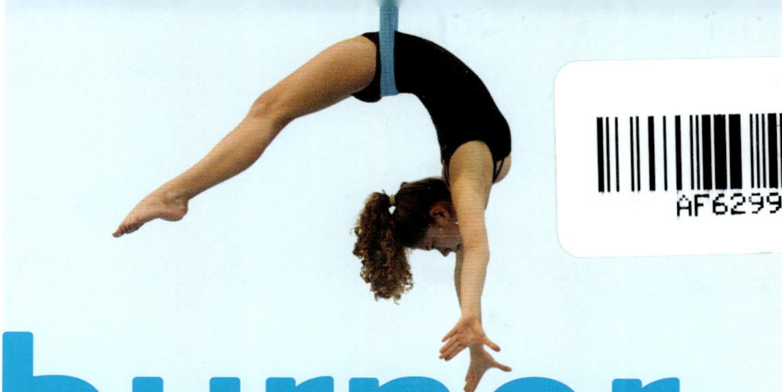

burner

ACROBATICS

Coole
Stunts zum
Abheben

Vorwort

Akrobatik erlebt zur Zeit ein vielfältiges Revival in verschiedensten Sparten: Pole-Fitness, Aerial Yoga, Acroyoga sind nur eine kleine Auswahl an neuen Trendsportarten, die sich aus der Akrobatik heraus entwickelt haben. Die Social Media Plattformen sind voll von spektakulären Kunststücken, die auch Schülerinnen und Schüler begeistern.

Dieses Lehrmittel ermöglicht es jeder Lehrperson, mit ganz einfachen Mitteln und ohne jegliches Vorzeigen diesen Trend zu vermitteln. Die praktischen Stationskarten mit Reihenbildern und simplen Hinweisen erklären den Schülerinnen und Schülern nämlich ganz selbstständig, was zu tun ist. Die Lehrperson muss bloß die Auswahl der Elemente treffen.

Die spannenden Kunststücke entstammen teilweise dem Repertoire der Autorinnen – teilweise sind sie bei der Arbeit mit den Schülerinnen und Schülern in der Turnhalle entstanden – inspiriert von Instagram, Pinterest und den kreativen Gedanken in den jungen Köpfen.

Entstanden ist ein Mix an soliden Basics mit brandneuen, innovativen Figuren und Inszenierungsideen.

Der Einfachheit halber wurde in diesem Buch oft nur die männliche Schreibweise verwendet. Selbstverständlich gelten alle Informationen für beide Geschlechter.

Viel Spaß mit Burner Acrobatics!

Katrin Kehrli, Martina Marti, Thea Gerber, Muriel Sutter

Einleitung

Wie fange ich an?

Ein Akrobatik-Training beginnt mit einem Aufwärmen. Hierbei wird der Organismus in Schwung gebracht, Muskeln und Gelenke gedehnt und gekräftigt und die Turnenden mental auf die Arbeit mit dem eigenen Körper sowie dem eines Partners eingestimmt. Danach kann man aus den nachfolgenden Kapiteln ein abwechslungreiches Training zusammenstellen:

Single Stunts

In diesem Kapitel findet sich eine attraktive Auswahl an Basic-Kunststücken für alle Levels.

Partner Stunts

Hier werden die Grundelemente zu spektakulären Partnerakrobatik-Figuren zusammengefügt.

Flash Mobs

Aus den erlernten Single und Partner Stunts werden nun größere Gruppenpyramiden aufgebaut. So kann man ein spektakuläres Klassenfoto gestalten!

U-Fly Single

Nur Fliegen ist schöner! Das U-Fly nimmt einem das Körpergewicht ab und ermöglicht ohne viel Kraft, tolle Kunststücke zu kreieren.

U-Fly Double

Auch in der Luft ist Partner-Akrobatik sehr attraktiv! Hier finden sich Tipps und Tricks für die ersten Schritte über der Erde.

Show Acts

Akrobatik ist eine darstellende Kunst. Hier findet sich Inspiration, wie die gelernten Kunststücke spielerisch trainiert und attraktiv inszeniert werden können.

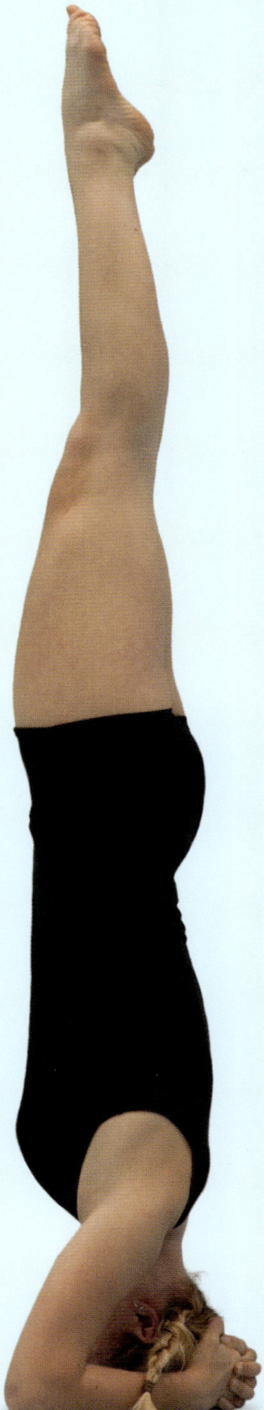

Inhalt

Burner Acrobatics unterrichten

Über Burner Acrobatics

Burner Acrobatics ist eine spielerische, erlebnisbetonte Annäherung an das Thema Akrobatik. Die visuelle Aufbereitung ermöglicht sehr selbstständiges Arbeiten der Turnenden, die einfache Kennzeichnung der Schwierigkeitsgrade erleichtert die Auswahl der Übung. So kann jede Person auf ihrem Level arbeiten und ihre Fähigkeiten verbessern.

Lektionsaufbau

Jede Lektion beginnt mit einem Warm-up. Dies verringert die Verletzungsgefahr, sensibilisiert die Körperwahrnehmung und bereitet Körper und Geist optimal auf die anstehenden Herausforderungen vor. Danach folgt die Methodik dem Prinzip der Kreativität: Die ganze Klasse kann an einem Element arbeiten – ebenso kann aber ein Circuit oder eine Bewegungslandschaft errichtet werden. Am Schluss der Stunde erfolgt ein gemeinsames Cool-Down.

Schwerpunkte

Es muss nicht in jeder Lektion alles gemacht werden. Wenn man aber vorsieht, Einzel-, Partner- und Gruppenkunststücke einzuführen, empfiehlt sich die genannte Reihenfolge. Man muss immer zuerst selber mit einem Gerät vertraut sein, bevor man Experimente mit einem Partner anstellt!

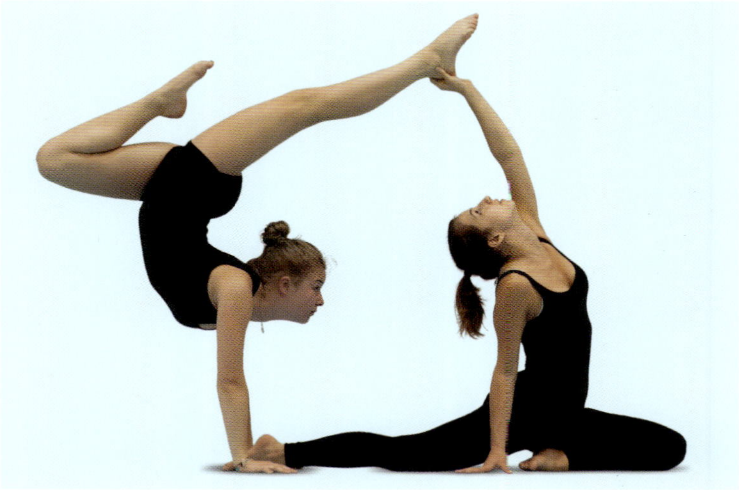

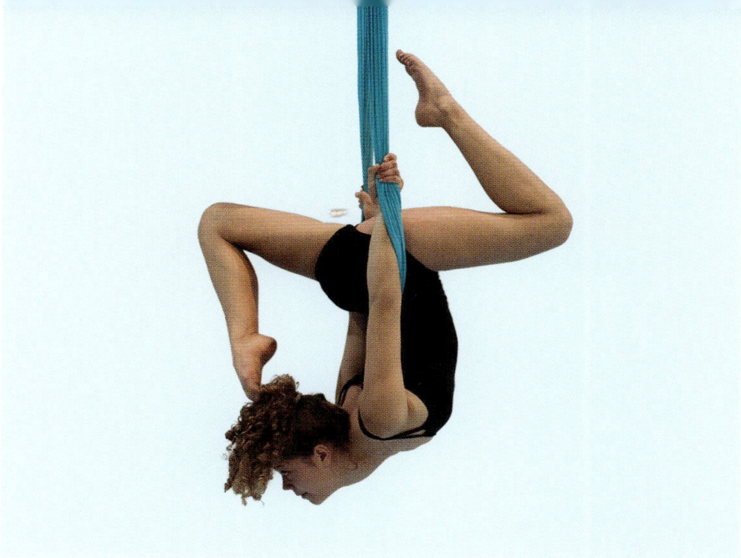

Material

Die U-Flys bestehen aus sehr stabilem, querelastischem Stoff, der mit einer speziellen Aufhängung an den Ringen oder einem anderen stabilen Tragsystem befestigt wird. Zur Absicherung dienen 16er-Matten, Für Single und Partner Stunts eignen sich Yoga-Matten.

Sicherheit

Um Unfälle zu vermeiden, ist darauf zu achten, die Anleitungen zu Beginn jedes Kapitels genau zu studieren, damit insbesondere beim Montieren des U-Flys keine Fehler passieren. Das Material muss regelmäßig kontrolliert und ggf. ersetzt werden, wenn z. B. der Stoff des U-Flys stellenweise schadhaft wird.

Der Sturzraum bei hohen Pyramiden und U-Fly-Partnerfiguren ist mit weichen 16er-Matten oder Sprungkissen zu sichern. Bei schwierigen Übungen gibt immer eine Person Hilfestellung. Ferner empfiehlt es sich, die Griff-, Halte- und Stütztechniken für die Partner-Elemente sauber zu instruieren und in jeder Unterrichtseinheit zu wiederholen, bevor schwierigere Kunststücke geturnt werden.

Mit steter Wachsamkeit, Hilfsbereitschaft und Kommunikation tragen alle Turnenden zu einem sicheren und effizienten Training bei.

Hilfsmittel

Die Stationskarten zeigen Aufbau und Endform jeder Figur, und liefern alle wichtigen Hinweise zur Umsetzung in Detailbildern und kurzen Hinweisen. Mit den Karten kann man die Turnenden selbstständig arbeiten lassen, sofern alle Geräte ausreichend gesichert sind.

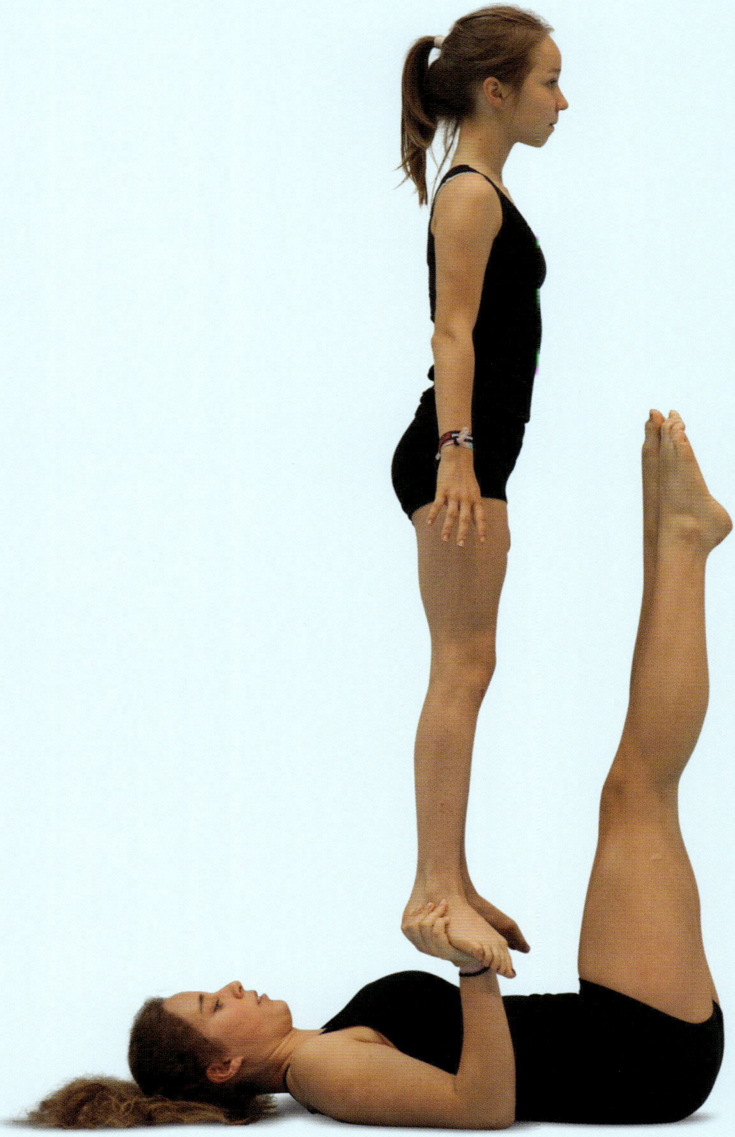

Warm-up & Basics

Mit diesen kleinen Kunststücken wird der Körper spielerisch aufgewärmt, Spannung aufgebaut und das Vertrauen in sich und den Partner gestärkt. Im Anschluss findet sich ein kleines Akrobatik-ABC mit wichtigen Grundelementen.

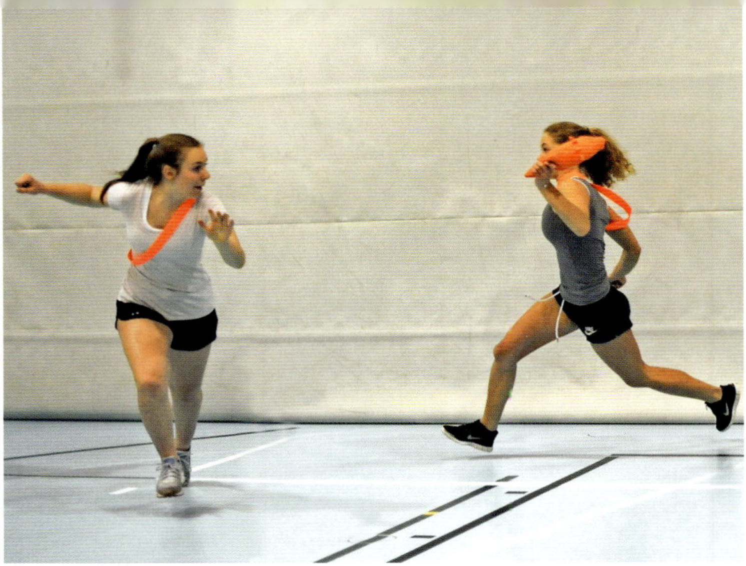

Kleine Laufspiele werden mit Spannungsübungen kombiniert

Acrobatics Warm-up & Basics

Milchschnitten-Fangis

Es werden pro 20 Personen 4–5 Fänger bestimmt. Auf Signal des Spielleiters geht's los: Die Fänger jagen, alle anderen Spielenden rennen davon. Wer gefangen wird, begibt sich in die «Milchschnitte»-Position (auch «Plank Star», S. 13). Die anderen Spielenden können Gefangene erlösen, indem sie dreimal über die Milchschnitte hüpfen.
Schaffen es die Fänger, innert 1 Minute alle Flüchtenden zu fangen?

Varianten

- Wer die «Milchschnitte» nicht mehr halten kann, wird zum Fänger. Wer bleibt zuletzt übrig?

Ketten-Fangis

Eine Person beginnt als Fänger. Wenn jemand gefangen wird, greift er den Fänger mit dem Doppelklammergriff (S. 109). Dann jagen die beiden zu zweit weiter. Jeder, der gefangen wird, schließt sich auf die gleiche Weise der Kette an. Wer zuletzt noch übrig ist, gewinnt.

Varianten

- Es werden 3–4 Fänger bestimmt und eine Sprossenwand als Gefängnis definiert. Der erste Gefangene hält sich an der Sprossenwand fest, die weiteren jeweils am vordersten Spieler der Kette. Wenn es einem freien Spieler gelingt, die Kette zu durchbrechen, sind alle Spielenden, die außen an der Bruchstelle standen, frei. Gelingt es den Fängern, innerhalb 1 Minute alle anderen Spielenden einzufangen?

Leiche abschleppen

Es werden 3er-Gruppen gebildet. Eine Person legt sich auf den Boden und spannt alle Muskeln an. Die anderen beiden heben sie hoch und tragen sie eine Hallenbreite weit, bevor sie sie behutsam wieder niederlegen. Danach erfolgt ein Rollenwechsel, und die Übung wird wiederholt, bis jede Person einmal an der Reihe war.

Variante

- Als Stafette: Die Person muss jeweils bis zur Mittellinie getragen werden. An Start und Ziellinie werden Matten ausgelegt, falls der Wechsel in der Hitze des Gefechts etwas schnell erfolgt.

Der rasende Rasenmäher

Der Turnende legt sich auf den Rücken, der Partner greift seine Füße und hebt diese hoch. Der Turnende sorgt dafür, dass Schultern, Hüften und Füße in einer Linie bleiben. Damit der «Rasenmäher» fährt, wird ein Teppichrest oder ein Haushaltstuch unterlegt.

Varianten

- Der Turnende setzt die Unterarme auf und begibt sich in den Unterarmstütz (Bild unten links).
- Es wird ein Rasenmäher-Wettrennen gefahren. Die ganze Klasse startet parallel. An der Mittellinie werden die Rollen gewechselt. Welches Paar fährt am schnellsten durch die ganze Halle und wieder zurück?

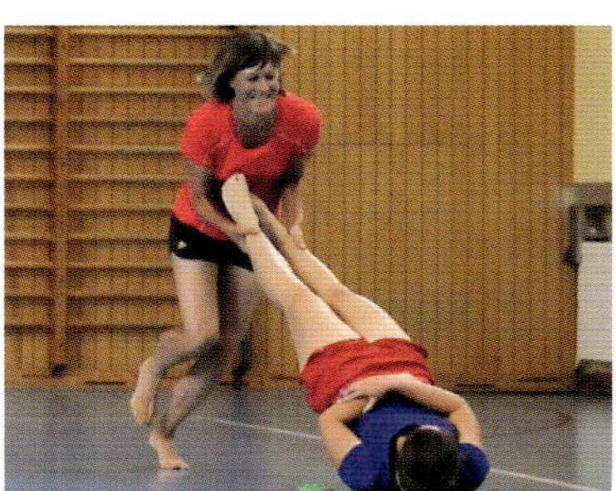

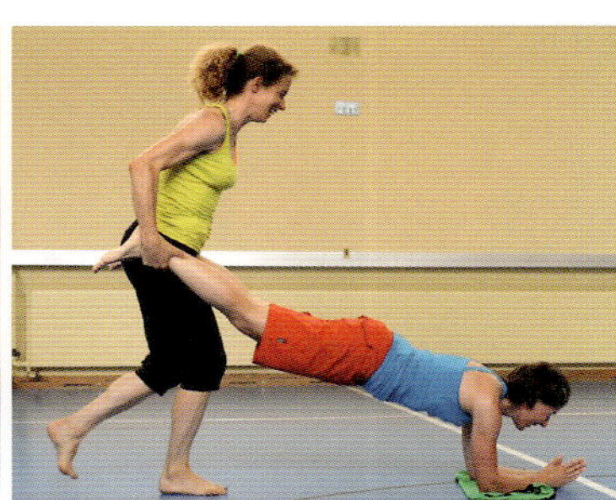

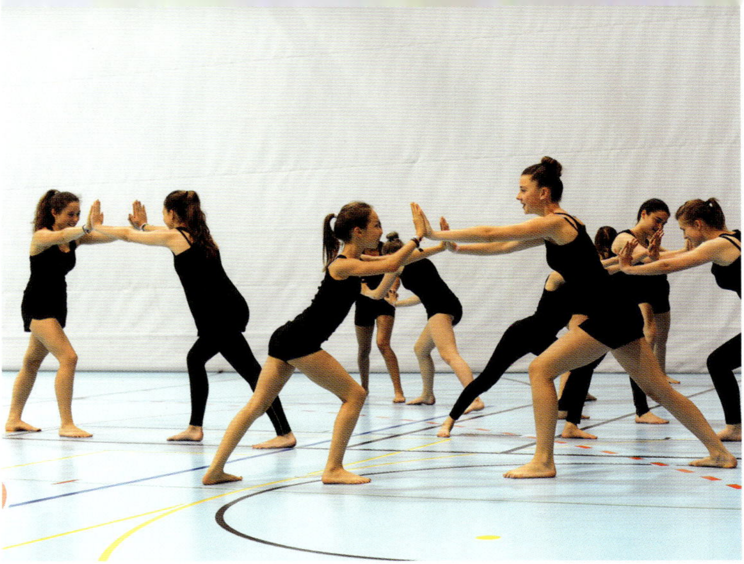

Spiel den «Platzhirsch» und versuche deinen Partner wegzuschieben!

Acrobatics Warm-up & Basics

Running Crowd

Alle laufen zu Musik kreuz und quer durch den Raum (Hälfte der Turnhalle). Sobald die Musik stoppt, suchen alle sofort einen Partner und führen eine der folgenden Aufgaben aus:

- Beide stellen sich zu zweit gegenüber in einer stabilen Schrittstellung auf und drücken Handfläche an Handfläche.
- Beide versuchen, den anderen vom Platz wegzudrücken.
- Nach ca. 15 Sekunden wird die Musik wieder angestellt, die Paare lösen sich auf und laufen wieder durcheinander.
- In der nächsten Runde muss ein anderer Partner gewählt werden.

Varianten

- Rücken an Rücken (Bild u. links). Achtung: Vorsichtig auflösen, sodass niemand umfällt.
- Seite an Seite (Bild u. rechts). Achtung: Seiten wechseln!

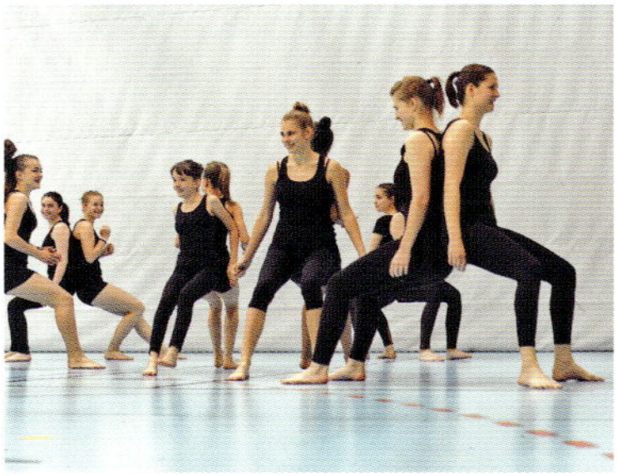

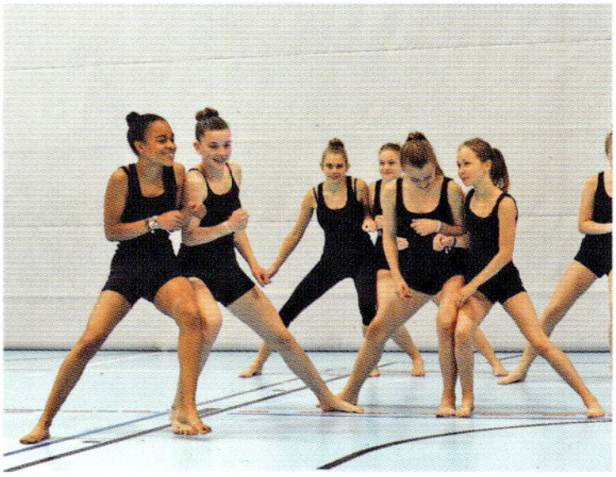

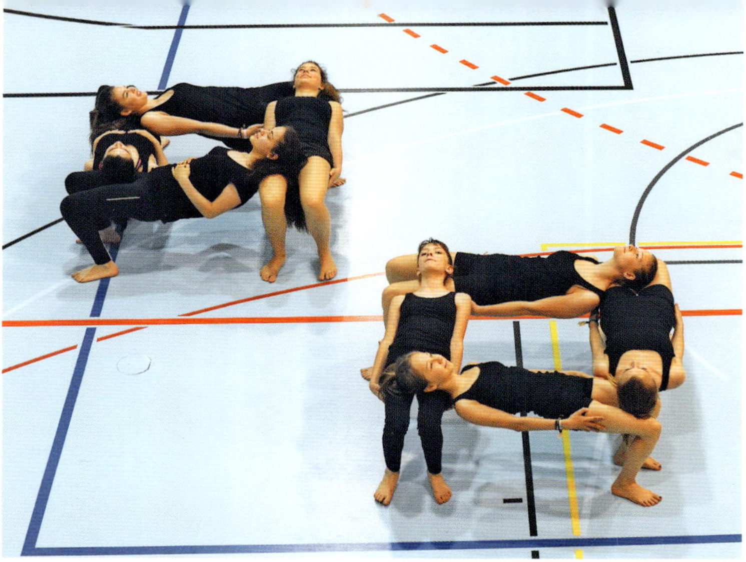

Für den Magic Square ist Teamarbeit gefragt!

Acrobatics Warm-up & Basics

Magic Square

Es werden 4er-Teams gebildet. Diese legen sich jeweils im Viereck auf den Boden und gehen wie folgt vor:

- Der Kopf liegt jeweils beim Nächsten oberhalb des Knies auf dem Oberschenkel.
- So nahe zusammenrücken, dass ein Quadrat entsteht.
- Die Arme stützen den Oberkörper, und das Gesäß wird zusammen und nach oben gedrückt.
- Darauf achten, dass die Gelenke übereinander stehen (Kniegelenke über den Fußgelenken, Schultergelenke über den Handgelenken).
- Nun wird der Kopf gegen den Oberschenkel gedrückt. Das stabilisiert den Rumpf und so können die Arme vom Boden gelöst werden.
- Die Position wird 10 Sekunden lang gehalten.

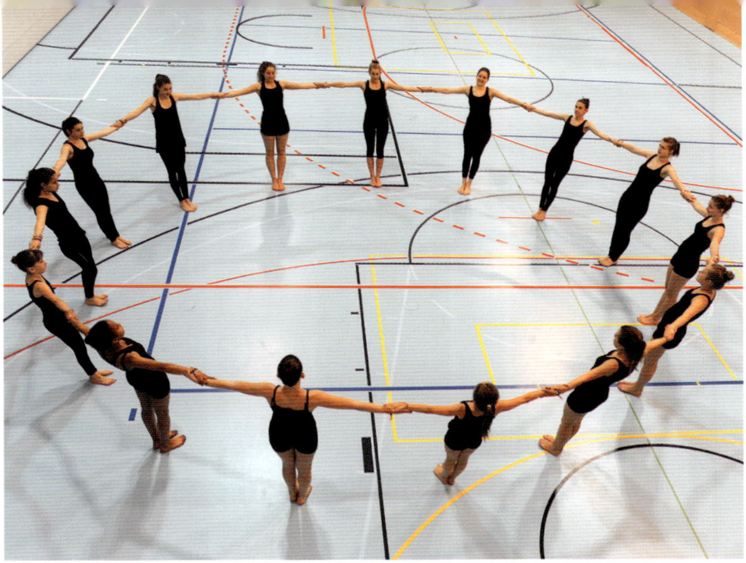

Zurücklehnen und genießen!

Acrobatics Warm-up & Basics

Full Moon

Alle Personen stehen in einem großen Kreis und fassen sich gegenseitig mit Klammergriff.

- Die Beine sind geschlossen. Alle Personen bauen eine hohe Körperspannung auf.
- Langsam und vorsichtig beginnen alle nach hinten zu lehnen, sodass eine regelmäßige, kreisförmige Figur entsteht.
- Hierbei muss jede Person selber spüren, wie weit sie nach hinten lehnen darf, ohne die Figur der gesamten Gruppe aus dem Gleichgewicht zu bringen.

Variante

- Dasselbe funktioniert auch in Sternform. Durchnummerieren auf zwei und alle Einer drehen sich um 180° (Bild unten).

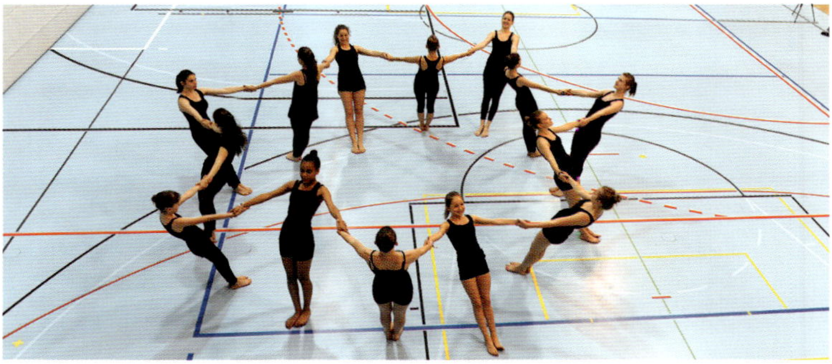

Welcher Stern funkelt am hellsten?

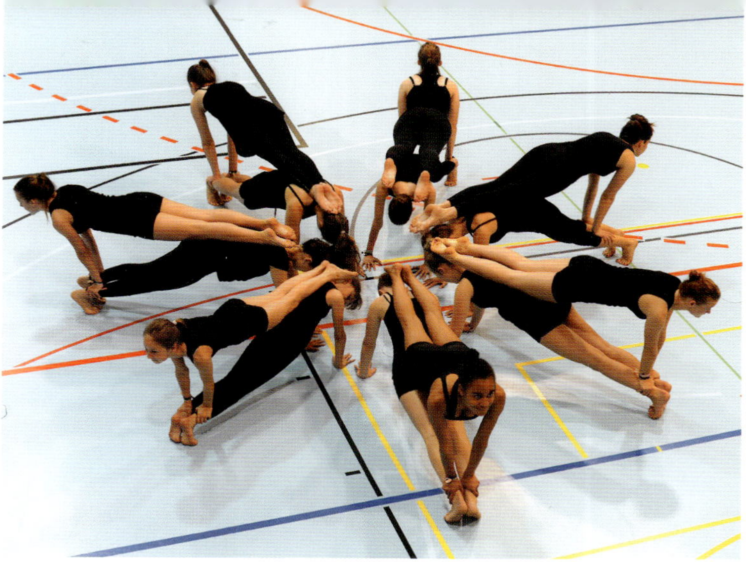

Acrobatics Warm-up & Basics

Plank Star

Die Gruppe bildet 2er-Teams, diese stellen sich in einem Kreis auf.

- Person 1 begibt sich jeweils in Liegestütz-Position, den Kopf Richtung Kreismitte.
- Person 2 greift die Fußgelenke von Person 1 und legt die Füße auf deren Schultern.
- Beide Turnerinnen spannen ihren Bauch an, sodass zwei gerade Planks aufeinanderliegen.

Variante

- Dasselbe funktioniert auch umgekehrt: Person 1 stellt sich mit dem Kopf zur Kreis-Außenseite auf, Person 2 mit dem Kopf Richtung Sternmitte.

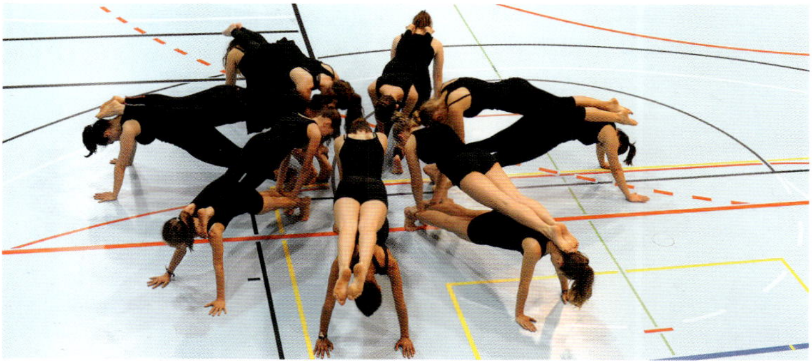

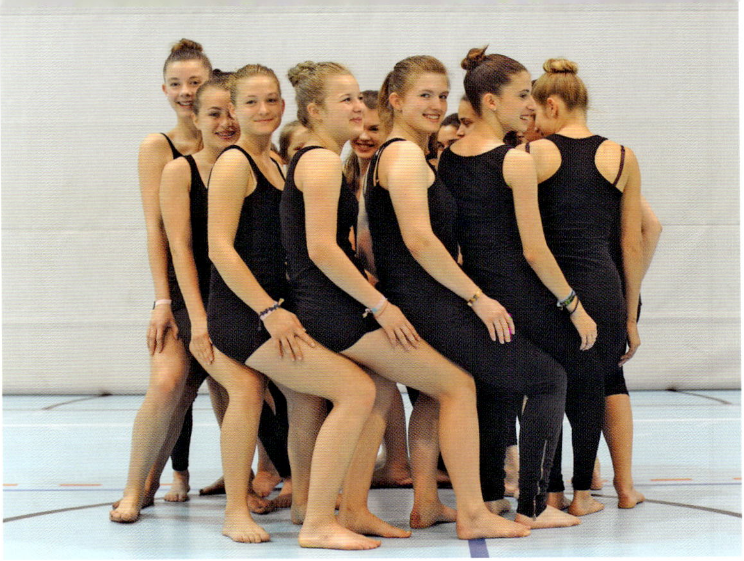

Spaß, Spannung und Teamgefühl – verpackt in einen Kreis

Acrobatics Warm-up & Basics

Sit & Chill

Alle Personen stellen sich in einem Kreis auf.

- Die ganze Gruppe rückt nahe zusammen zu einem engen Kreis.
- Langsam und achtsam setzen sich alle auf den Schoß der hinteren Person, sodass der Kreis geschlossen bleibt und niemand umkippt.
- Danach stehen alle vorsichtig wieder auf.

Circle of Inspiration

Alle Personen stellen sich in einem Kreis auf, sodass jeder mit den Händen den Rücken der vorderen Person berühren kann.

- Mit der hohlen Hand wird der gesamte Rücken der vorderen Person ausgeklopft.
- Dann wird die Richtung gewechselt (alle drehen sich um 180°).

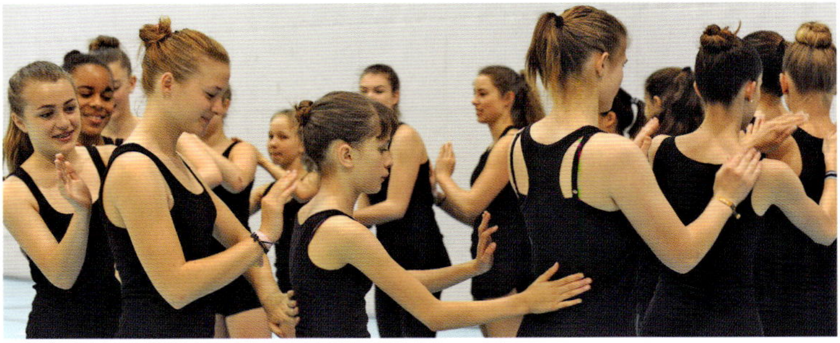

Abklopfen lockert die Muskulatur

Gut festhalten, sonst wird man von der Brandung weggespült!

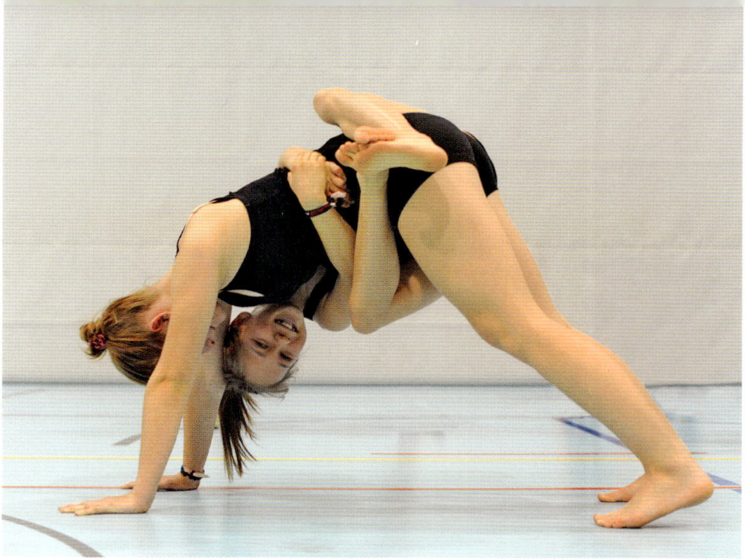

Acrobatics Warm-up & Basics

Auster am Stein

Es werden Paare gebildet. Einer ist der Fels, der andere die Muschel.

- Der «Fels» begibt sich in eine stabile Position, die «Muschel» klammert sich so am Felsen fest, dass sie den Boden nicht berührt.
- Alle Gruppen bilden möglichst kreative und attraktive Positionen. Nach 30 Sekunden werden die Rollen gewechselt.

Fels in der Brandung

Es werden Paare gebildet. Einer ist der Fels, der andere das Wasser.

- Der Fels nimmt eine beliebige stabile Position ein. Das Wasser kommt sachte aber mit viel Kraft mal von der einen, mal von der anderen Seite. Der Fels ist stabil in der Brandung und lässt sich nicht aus dem Gleichgewicht bringen. Nach 45 Sekunden werden die Rollen getauscht.

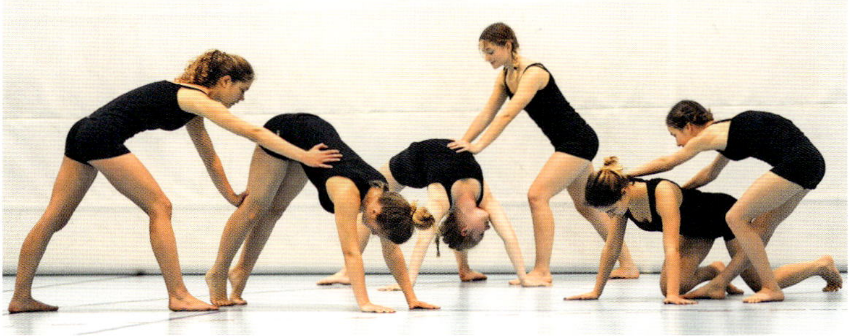

Drücken, ziehen, stoßen – so baut der Körper Spannung auf

Acrobatics Warm-up & Basics

Lollipops

Alle Teilnehmer bilden Paare. Diese stellen sich Rücken an Rücken auf. Die Fersen sind nahe zusammen und die Beine sind gestreckt. Nun geht's los:

- Die Hände am Boden abstützen.
- Eine Hand lösen und über Kreuz (beide rechte, oder beide linke Hände) mit Klammergriff fassen und festhalten.
- Zweite Hand vom Boden lösen und auseinander lehnen.

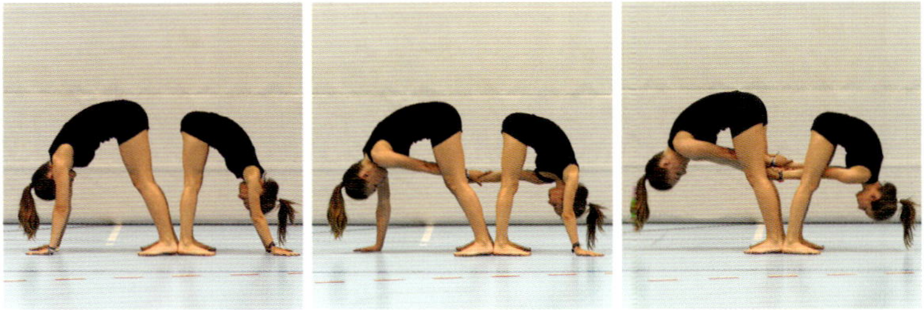

Lollipops: Dehnung Hamstrings, Vertrauensförderung in den Partner und Training Klammergriff

WhatsUp

Alle Teilnehmer bilden Paare. Diese setzen sich gegenüber auf den Boden und drücken die Zehen an die Zehen des gegenübersitzenden Partners. Die Hände greifen über Kreuz im Klammergriff.
Dann geht's los:

- Ein Bein strecken und halten.
- Das zweite Bein strecken und den Arm vom Boden lösen und Diagonal nach oben strecken. Der Rücken sollte gestreckt und gespannt sein.

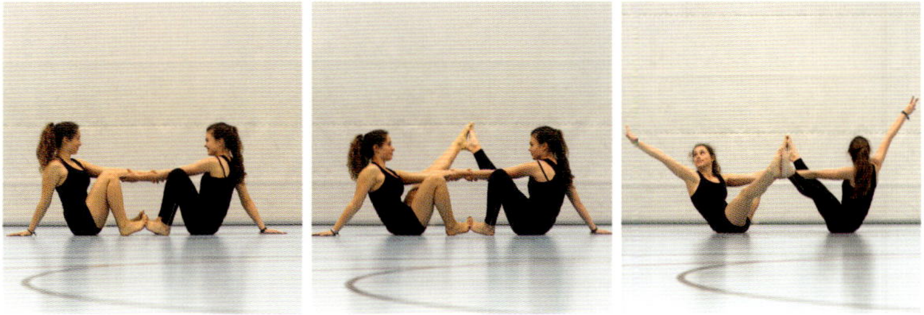

WhatsUp: Aktivierung der Bauchmuskeln, Dehnung Hamstrings und Arbeit am Gleichgewicht

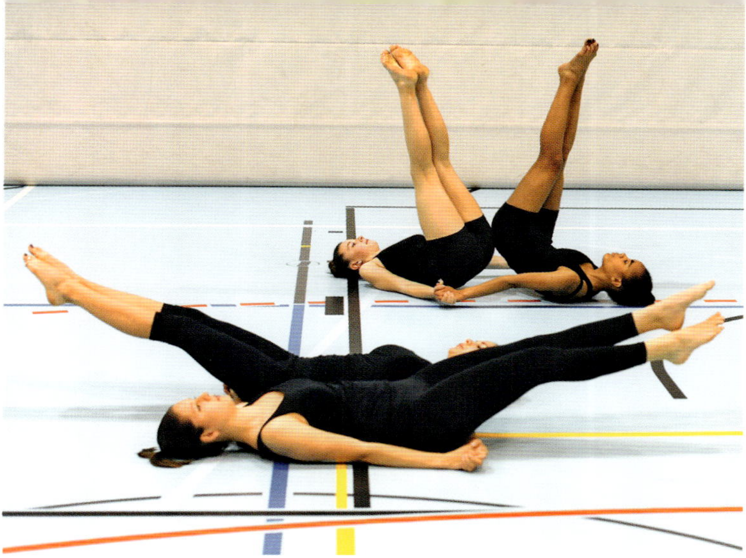

So macht Bauchmuskeltraining Spaß!

Acrobatics Warm-up & Basics

Erika Scissorlegs

Es werden 2er-Teams gebildet. Diese legen sich in Rückenlage nebeneinander auf den Boden und gehen wie folgt vor:

- Den Kopf neben die Hüfte/den Oberschenkel (je nach Größenverhältnis) der anderen Person legen.
- An den Händen fassen.
- Die Arme liegen unter den Oberschenkeln des Partners.
- Durch die Aktivierung der Bauchmuskeln die gestreckten und geschlossenen Beine gleichzeitig nach oben führen.
- Das Becken anheben und um 90° am Becken des Partners vorbei drehen und danach wieder senken.
- 10–20 x wiederholen.

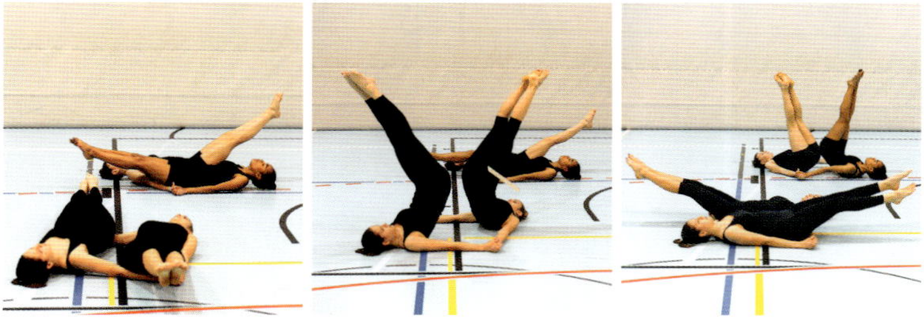

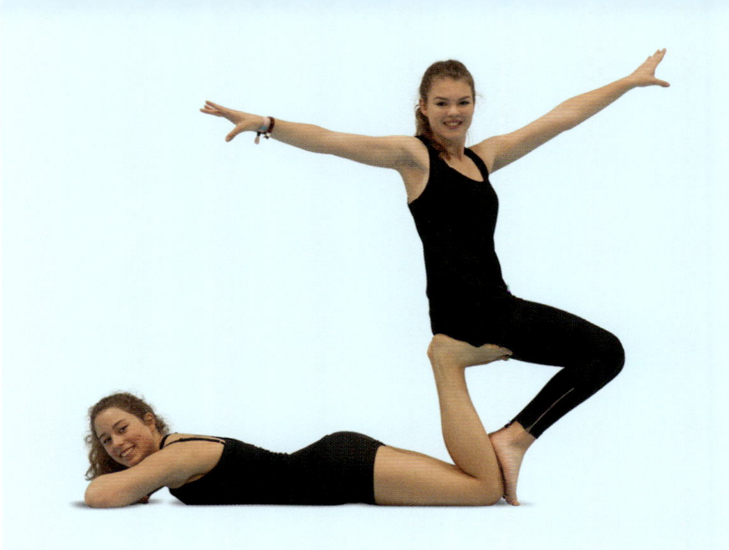

Mit einfachen Partner-stunts kann man viele Erfahrungen sammeln

Acrobatics Warm-up & Basics

Prinzessin auf der Erbse

Es werden 2er-Teams gebildet. Die Base legt sich auf den Bauch und streckt die Unterschenkel senkrecht nach oben.

- Die Fersen der Base werden unter den Sitzbeinhöckern des Flyers platziert.
- Die Fersen des Flyers sind am Schienbein der Base platziert, sodass die Zehen am Boden sind.

Chill am Rhy

Es werden 2er-Teams gebildet. Die Base legt sich auf den Bauch und streckt die Unterschenkel senkrecht nach oben.

- Die Fersen der Base sind am Becken des Flyers platziert.
- Mit Point/Flex kann die Base den Flyer «steuern».
- Der Flyer löst einen Arm, um den Fans zuzuwinken ;-).

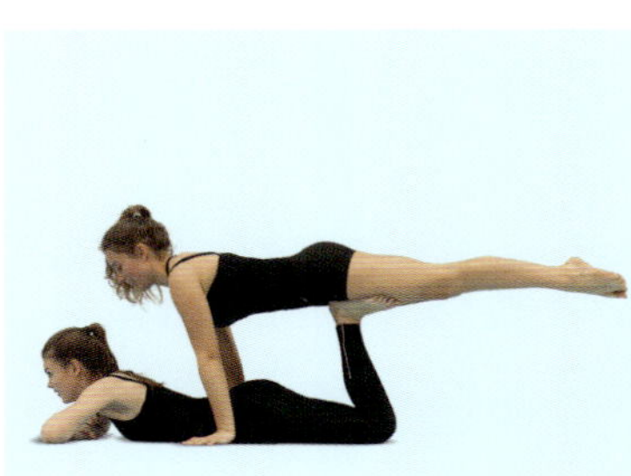

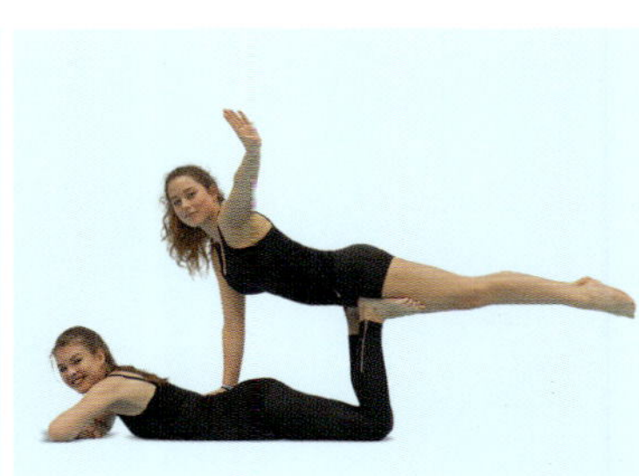

Auch Kopfüber kann man spielerisch Orientierung und Gleichgewicht trainieren

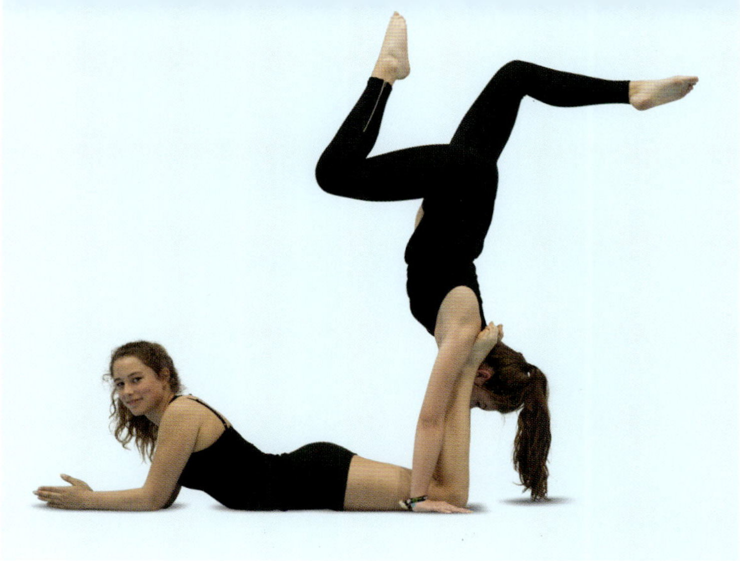

Acrobatics Warm-up & Basics

Chill-o-Flamingo

Es werden 2er-Teams gebildet. Die Base liegt auf dem Bauch, streckt die Unterschenkel nach oben und fixiert die Schultern des Flyers mit den Füßen. Dann geht's los:

- Die Beine und Füße der Base sind angespannt und fixieren die Schultern des Flyers.
- Der Flyer schwingt in den Handstand und lehnt mit den Schultern gegen die Füße bzw. Unterschenkel der Base.

Variante

- Die Base legt sich auf den Rücken und winkelt die Beine an.
- Der Flyer lehnt mit den Schultern gegen die Knie der Base.

Tipp

- Eine 3. Person kann den Flyer beim Aufschwingen stabilisieren.

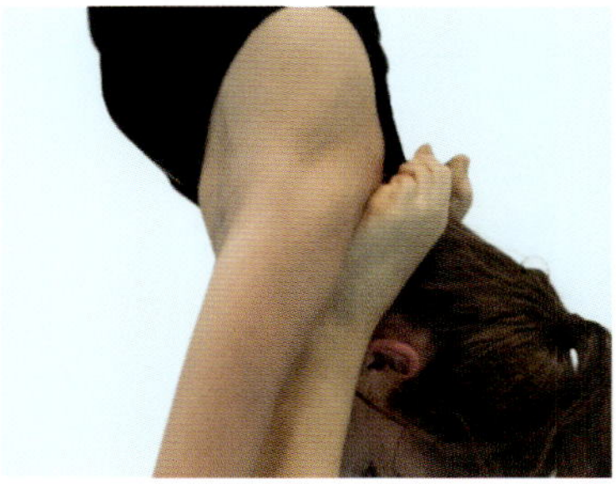

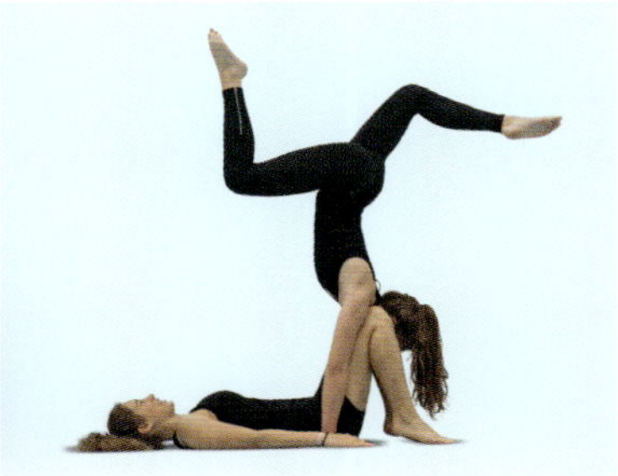

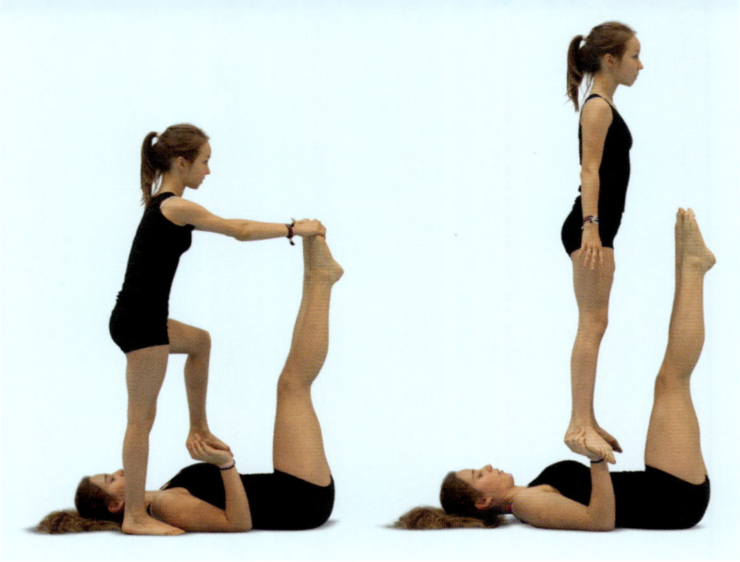

Neue Perspektiven!

Acrobatics Warm-up & Basics

Step Up

Es werden 2er-Teams gebildet. Diese gehen wie folgt vor:

- Die Base streckt die Beine gegen oben und winkelt die Unterarme an.
- Die Ellbogen sind dicht am Körper.
- Der Flyer hält sich an den Füßen fest und legt einen Fuß in die Hand der Base.
- Die Ferse liegt zwischen Daumen und Zeigefinger eingebettet.
- Achtung: Der Winkel im Ellbogen der Base sollte 90° sein, das heißt, der Unterarm ist senkrecht.
- Mit möglichst wenig Gewicht steigt der Flyer hoch und setzt den anderen Fuß in die andere Hand. Der Flyer bringt also viel Körperspannung auf, hält und stützt sich an den Füßen der Base.
- Der Flyer steht aufrecht und zieht seine Beine etwas zueinander ohne die Beine zu schließen.

Welche Gruppe baut das höchste Bett?

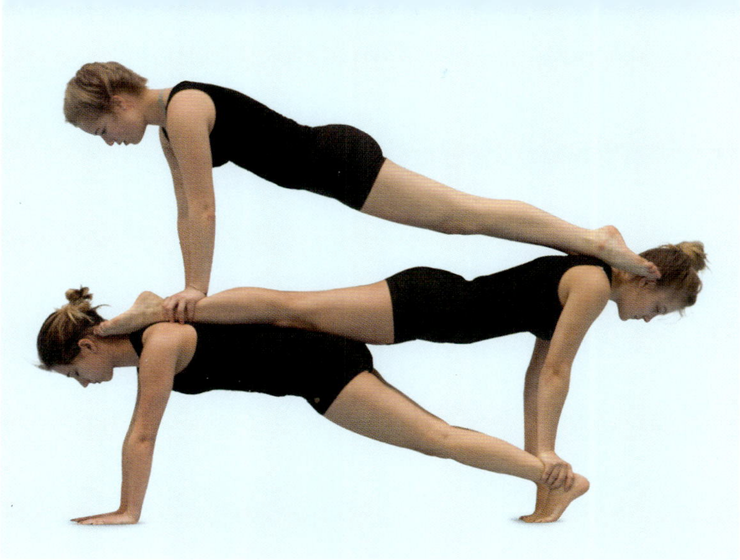

Acrobatics Warm-up & Basics

Kajütenbett

Es werden 3er-Teams gebildet. Diese gehen wie folgt vor:

- Person Nr. 1 positioniert sich in Liegestütz-Position.
- Person Nr. 2 greift die Fußgelenke von 1, legt die Unterschenkel auf deren Schultern und nimmt ebenfalls Liegestütz-Position ein.
- Und so weiter …

Hinweise

- Darauf achten, dass die Handgelenke unter den Schultergelenken platziert sind.
- Bauch anspannen, damit die Betten nicht durchhängen!

Varianten

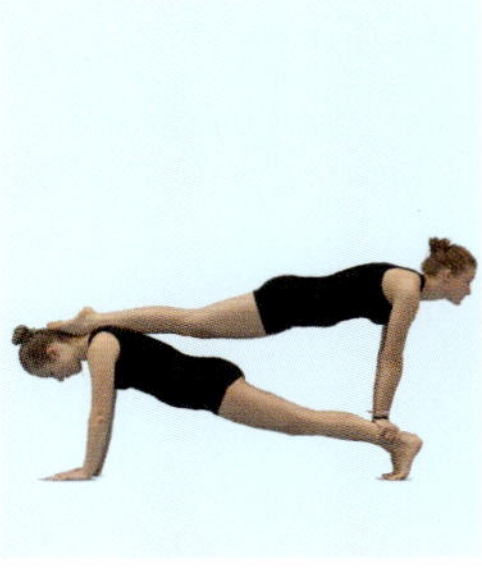

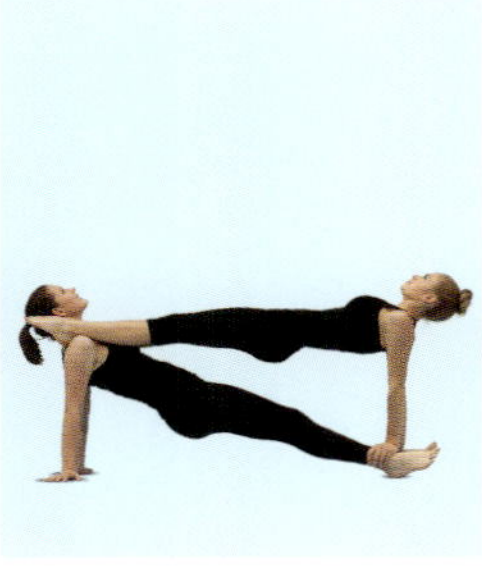

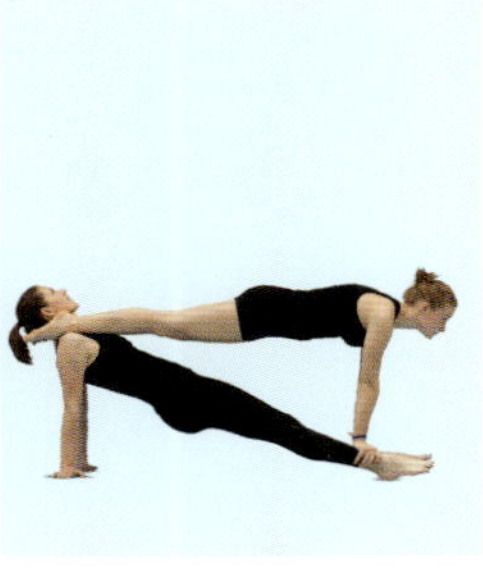

Acrobatics Warm-up & Basics

Basic-Kopfstand

Man beginnt in der Vierfüßerposition. Nun geht's los:

- Kopf und Hände im Dreieck aufsetzen.
- Die Hüfte so weit wie möglich nach oben stoßen.
- Mit beiden Beinen in die gehockte Position springen.
- Langsam beide Beine ausstrecken.

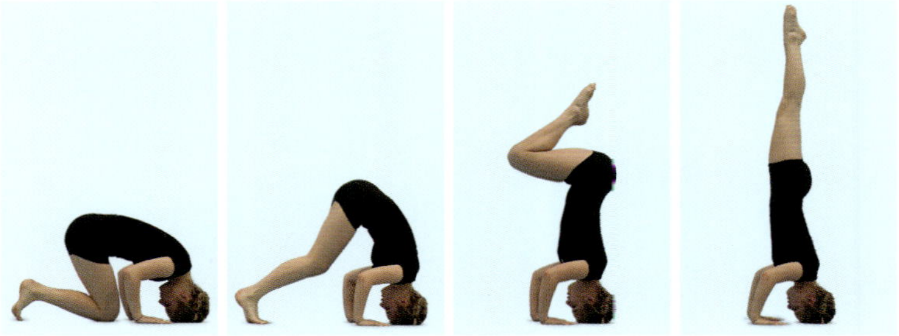

Yoga-Kopfstand

Man beginnt in der Vierfüßerposition, die Hände werden verschränkt um den Kopf gelegt, der Kopf ist am Boden. Die Unterarme bilden ein schmales Dreieck. Jetzt geht's los:

- Mit den Füßen zu den Armen laufen, bis das Gesäß möglichst senkrecht über den Schultern steht.
- Dann wird vorsichtig ein Bein gelöst und in die Höhe gestreckt.
- Dann wird das zweite Bein in die gewünschte Position gebracht.

Tipp

- Die Position zuerst mit dem Rücken zur Wand üben, dann kann man sich notfalls daran abstützen, wenn man kippt.

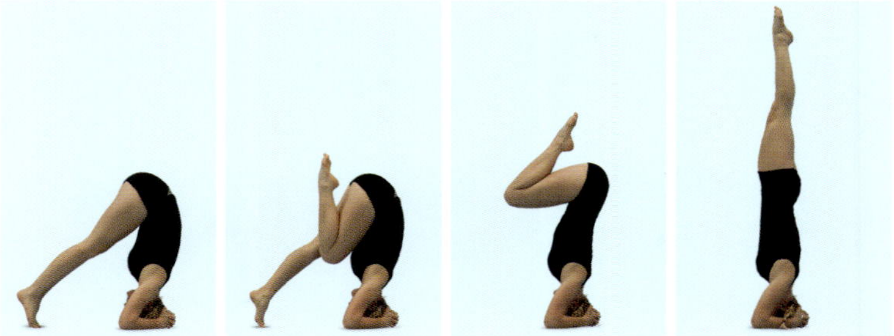

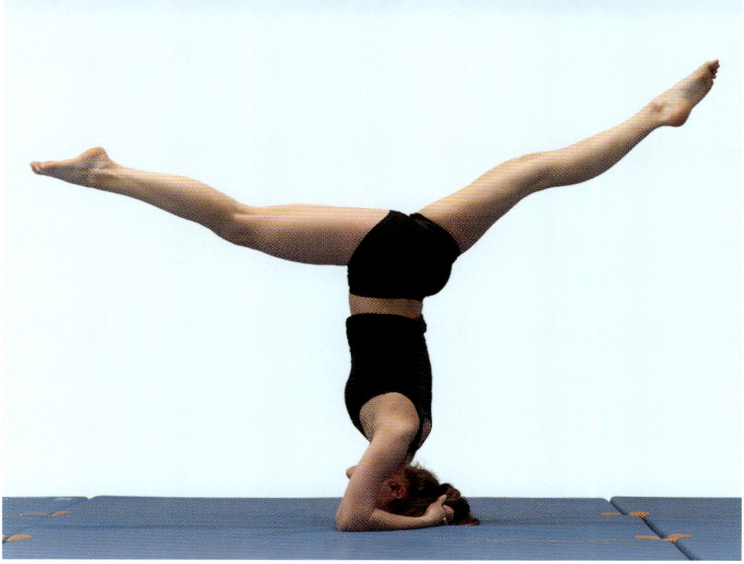

Acrobatics Warm-up & Basics

Kopfstand Variationen

Wer den Kopfstand beherrscht, kann die folgenden Variationen ausprobieren (Bilder von links nach rechts):

Kermit
- Basic-Kopfstand mit angewinkelten, gegrätschten Beinen.

Flag
- Yoga-Kopfstand mit nach hinten angewinkelten Beinen.

Star
- Yoga-Kopfstand mit quer gespreizten, angewinkelten Beinen.

Needle
- Yoga-Kopfstand gestreckt.

Split
- Yoga-Kopfstand mit Querspagat (großes Bild).

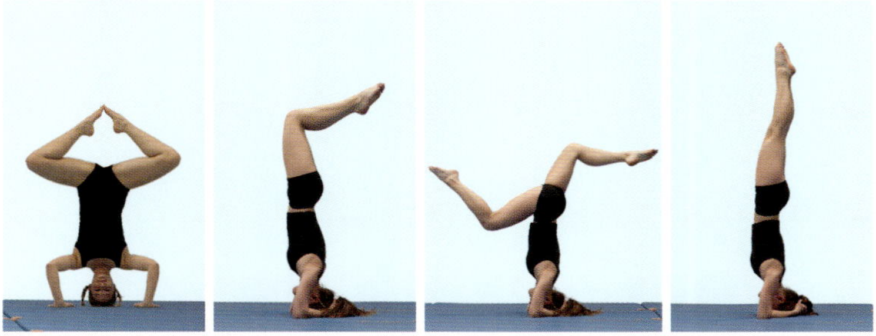

Acrobatics Warm-up & Basics

Skorpion mit dem Bauch gegen die Wand

Man beginnt auf allen Vieren, die Fußsohlen befinden sich an der Wand. Nun geht's los:

- Unterarme parallel aufsetzen, Handflächen weisen nach unten.
- Mit den Füßen die Wand hochlaufen, bis das Gesäß senkrecht über den Schultern steht.
- Ein Bein von der Wand lösen und Gleichgewicht suchen.
- Anderes Bein von der Wand lösen und Position ausbalancieren.

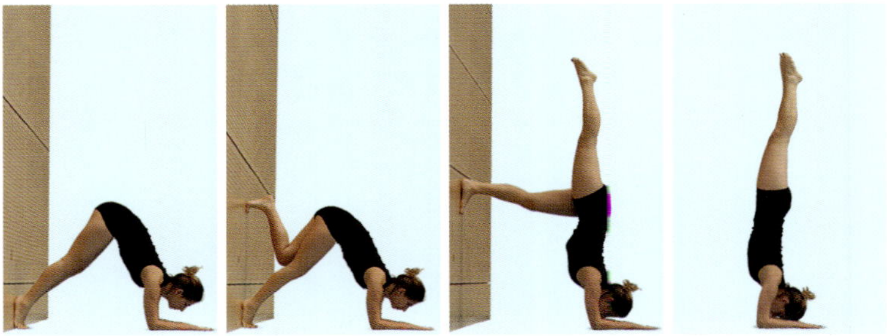

Skorpion Free

Man beginnt in der Vierfüßerposition, die Unterarme werden parallel aufgesetzt. Nun geht's los:

- Mit den Füßen zu den Armen laufen, bis das Gesäß möglichst senkrecht über den Schultern steht.
- Dann wird vorsichtig ein Bein gelöst, in die Höhe gestreckt und die Position stabilisiert.
- Dann wird das zweite Bein in die gewünschte Position gebracht.

Tipp

- Möglichst ohne Schwung arbeiten – Gewicht langsam verlagern!

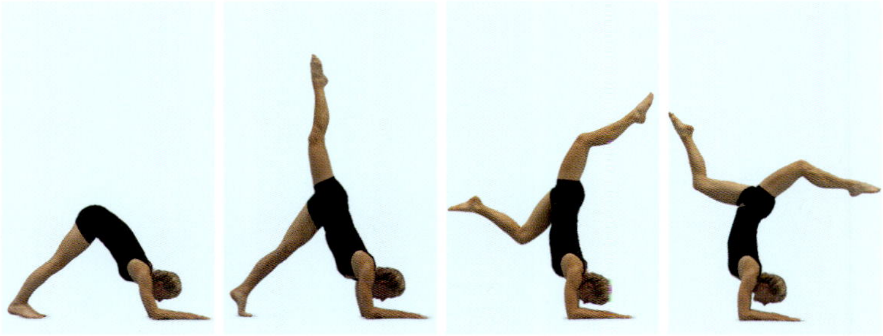

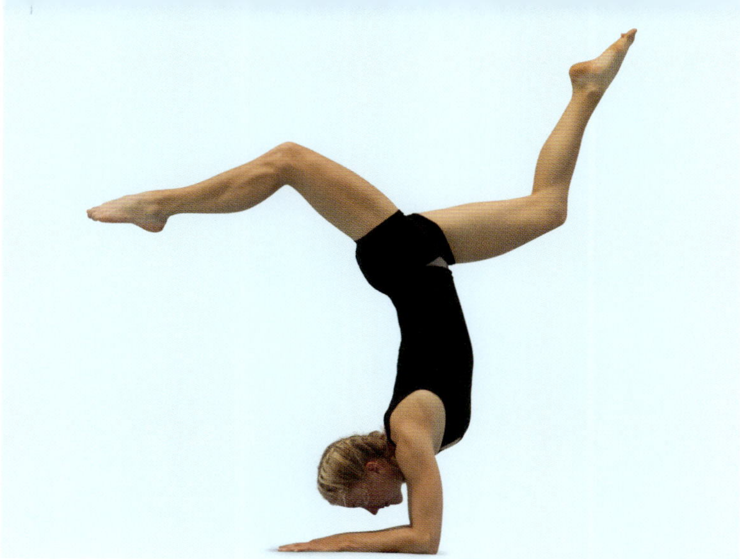

Acrobatics Warm-up & Basics

Skorpion Variationen

Wer den Skorpion beherrscht, kann die folgenden Variationen ausprobieren (Bilder von links nach rechts):

Shot

- Skorpion überstreckt, Beine senkrecht.

Lazy Unicorn

- Skorpion überstreckt mit angewinkelten Beinen.

Superseven

- Skorpion überstreckt gebückt.

Superstar

- Analog zum Kopfstand (S. 22) kann der «Star» (S. 23) auch im Skorpion geturnt werden (großes Bild oben).

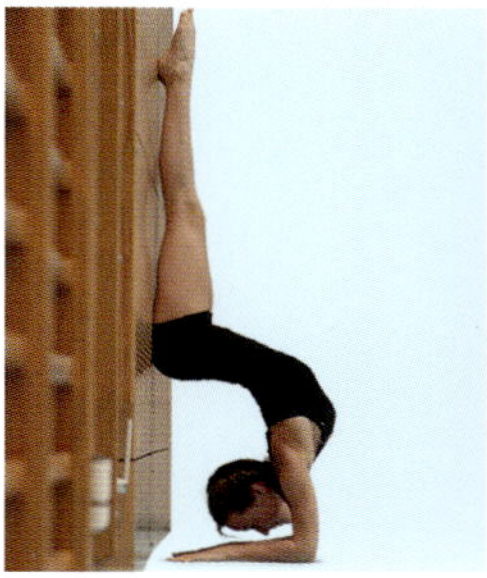

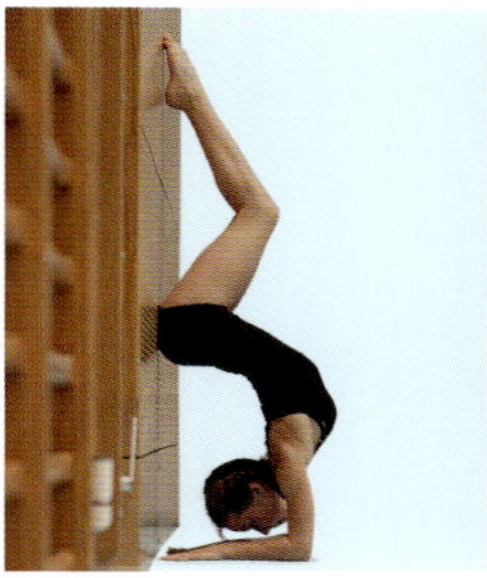

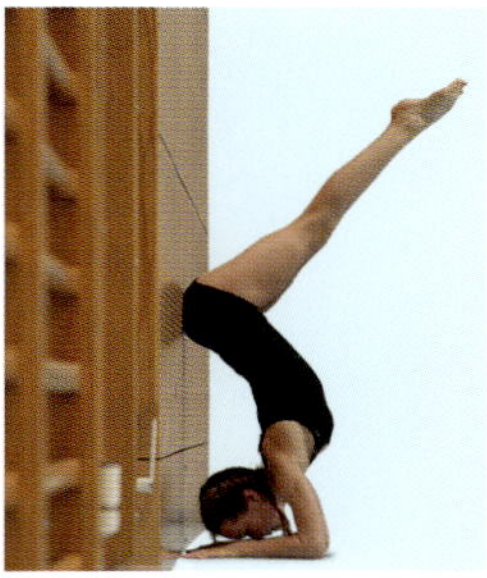

Acrobatics Warm-up & Basics

Basic-Handstand mit dem Bauch gegen die Wand

Man beginnt auf allen Vieren, die Fußsohlen befinden sich an der Wand. Nun geht's los:

- Die Hände parallel am Boden abstützen. Die Hände befinden sich unter den Schultern, die Arme sind gestreckt und die Finger gespreizt.
- Die Wand hochlaufen, bis das Gesäß über den Schultern steht.
- Ein Bein von der Wand lösen und das Gleichgewicht suchen.
- Anderes Bein von der Wand lösen und Position ausbalancieren.

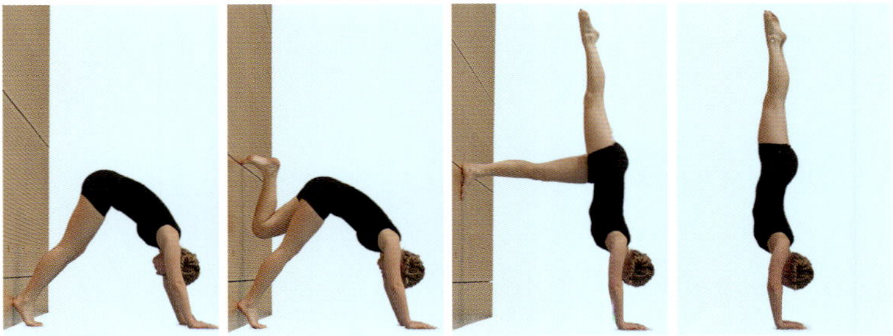

Handstand aufschwingen

Man beginnt in aufrechter Position, die Arme in Hochhalte, ein Bein holt zu einem großen Schritt aus. Nun geht's los:

- Den vorderen Fuß absetzen, die Arme schwungvoll zum Boden bewegen und die Hände mit gespreizten Fingern aufsetzen.
- Das hintere Bein kräftig nach oben schwingen, Bauch anspannen.
- Vom Schwung wird man schön nach oben getragen (vorausgesetzt, man hat den Bauch angespannt), das zweite Bein folgt intuitiv.
- Oben angekommen wird die Position ausbalanciert.

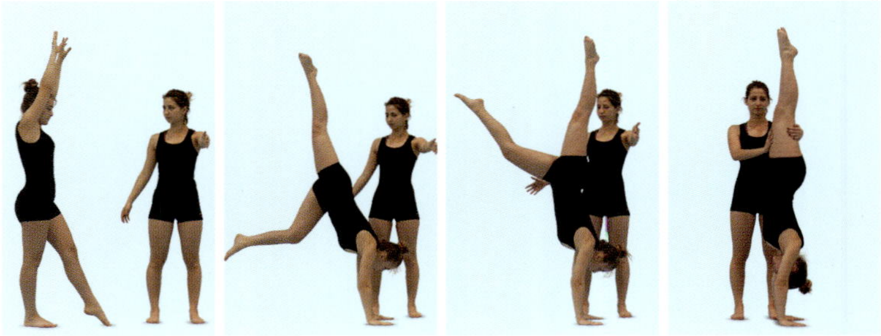

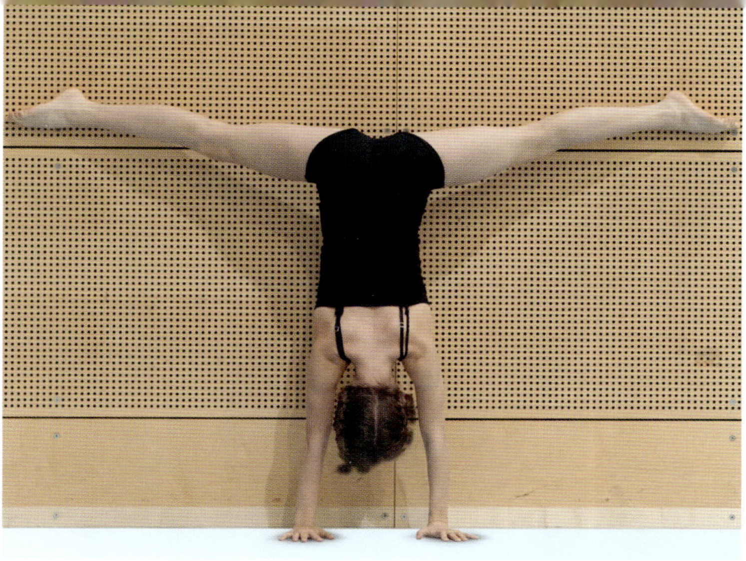

Acrobatics Warm-up & Basics

Handstand Variationen

Wer den Handstand beherrscht, kann die folgenden Variationen ausprobieren (Bilder von links nach rechts):

Cat
- Basic Handstand mit angewinkelten Beinen.

Tuck
- Handstand überstreckt mit angewinkelten Beinen.

Half Moon
- Handstand mit nach hinten angewinkelten Beinen.

Free Fall
- Handstand 1 m von der Wand – nur mit 1 Zehe abgestützt.

Banana Split
- Handstand mit Seitspagat, Bauch gegen die Wand (großes Bild).

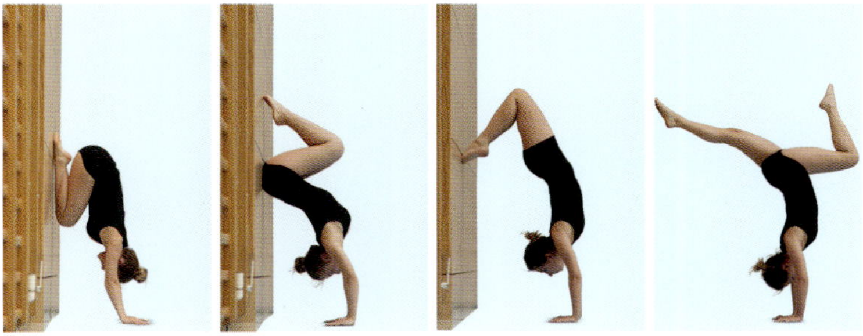

Acrobatics Warm-up & Basics

Basic-Brücke

Man beginnt in Rückenlage, die Hände werden auf beiden Seiten des Kopfes aufgestützt. Nun geht's los:

- Das Gesäß anspannen, die Füße auf den Boden drücken und das Körpergewicht mit den Armen nach oben stemmen.
- Den Rücken biegen und das Becken nach oben drücken.
- Das Körpergewicht durch Stoßen mit den Beinen möglichst weit auf die Arme verlagern.

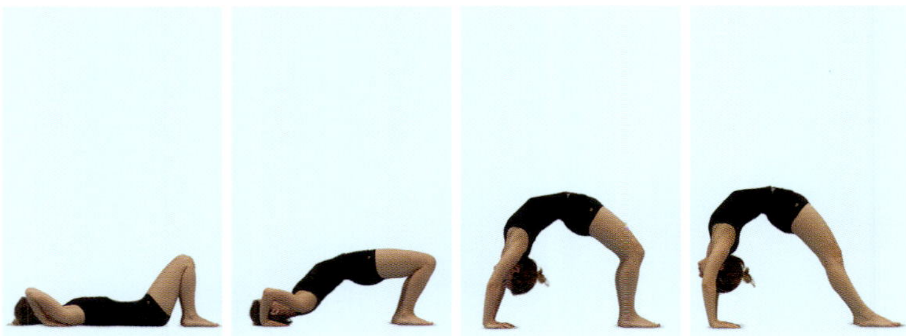

Brücke auf den Unterarmen

Man beginnt sitzend, die Beine angewinkelt. Nun geht's los:

- Mit Schwung zieht man den einen Arm sowie die Hüfte in die Höhe, dreht den am Boden stehenden Arm aus und setzt den zweiten Arm daneben – beide Hände weisen Richtung Füße.
- Nun setzt man einen Arm nach dem anderen in den Unterarmstand.

Tipps

- Einsteiger gehen von der Basic-Brücke aus in den Unterarmstand.
- Eine weitere Möglichkeit ist, sich aus dem Skorpion oder Yoga-Kopfstand hintenüber in die Unterarm-Brücke fallenzulassen.

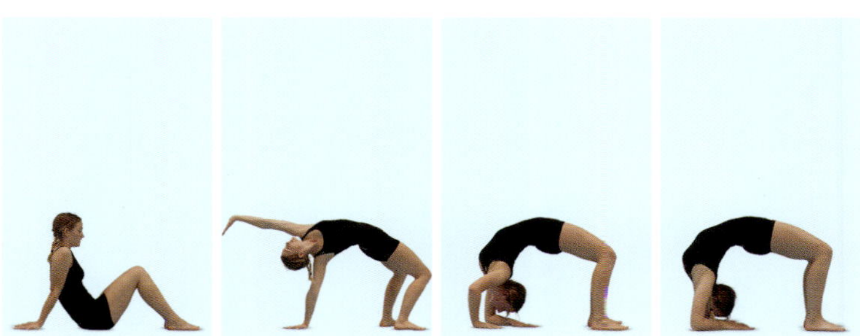

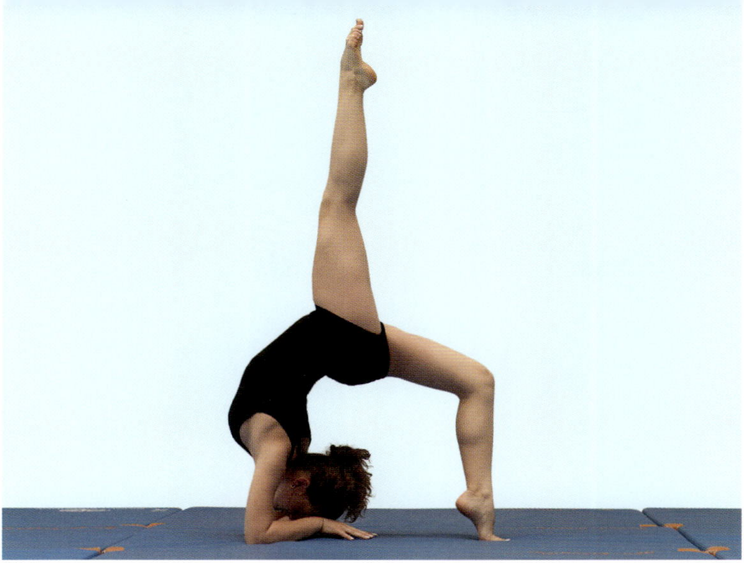

Brücke Variationen

Wer die Brücke beherrscht, kann die folgenden Variationen ausprobieren (Bilder von links nach rechts):

Crazy Snail

- Brücke mit gestreckten Beinen.

Kiss the Floor

- Unterarm-Brücke auf einem Bein, Spielbein ans Knie gelegt.

Sunshine

- Basic-Brücke auf einem Bein, Spielbein angewinkelt in die Höhe gezogen.

Alien

- Unterarm-Brücke auf einem Bein, Spielbein in die Höhe gestreckt (großes Bild oben).

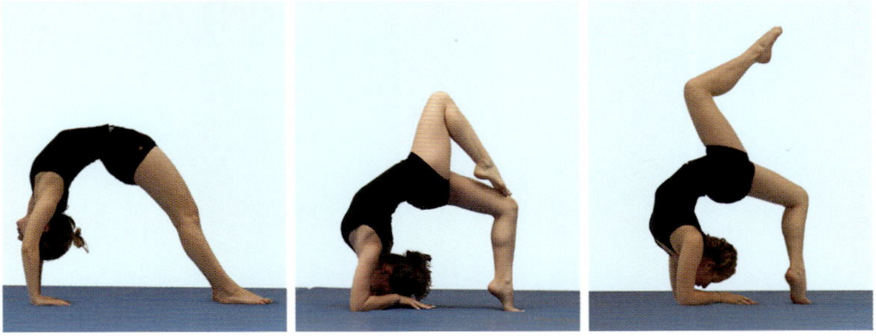

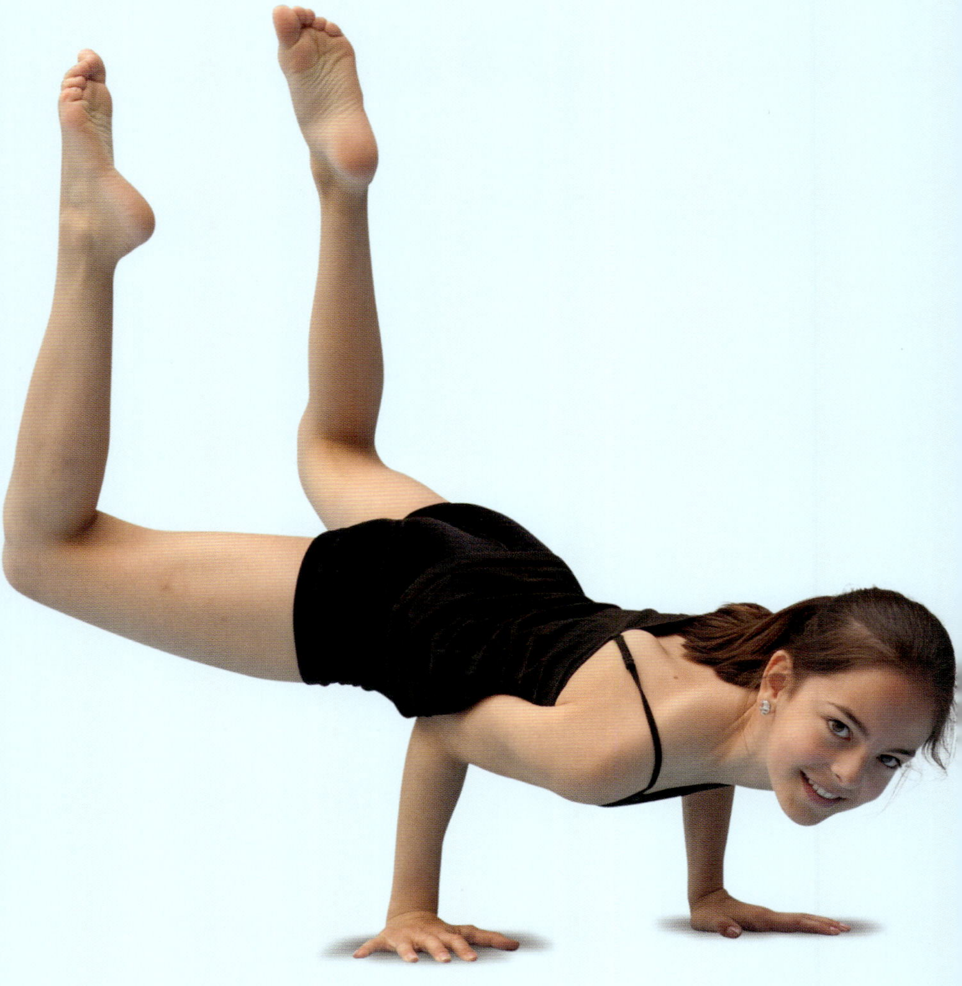

Single Stunts

Wer ein paar Tricks draufhat, hat definitiv mehr Vorteile im Leben. Die «Single Stunts» funktionieren wie ein Alphabet der Akrobatik-Sprache: Je mehr man beherrscht, desto größer wird das kreative Potential. Also: Let’s gooo!

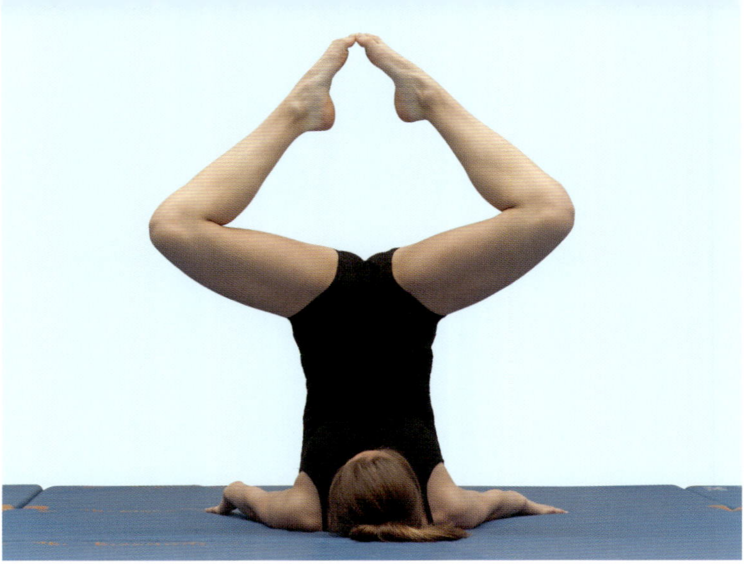

Nicht nur im Advent ist eine Kerze etwas Erfreuliches

Acrobatics Single Stunts

Flame

Ausgangsposition ist die Rückenlage.

- Der Körper wird aufgerollt, sodass die Hüfte über die Schultern zu stehen kommt. Hierbei kann mit den Händen am Gesäß gestützt/nachgeholfen werden.
- Ist die Position erreicht, werden die Beine in die gewünschte Lage gebracht (Varianten s. Bilder).
- Dann werden die Arme flach auf den Boden gelegt.
- Es ist darauf zu achten, dass der Rücken gerade ist.

Koordination:
Beweglichkeit:
Kraft:

Varianten

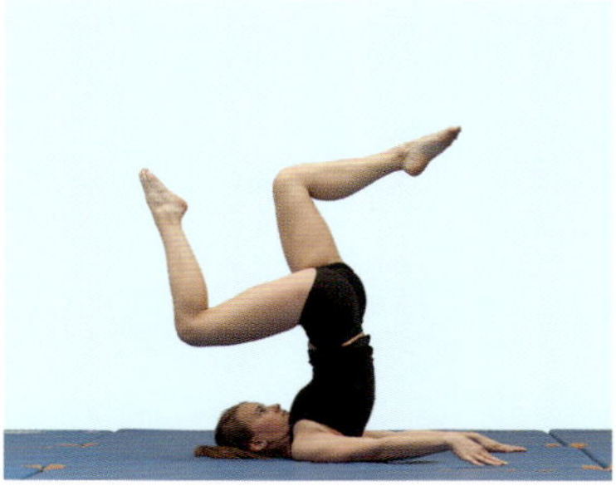

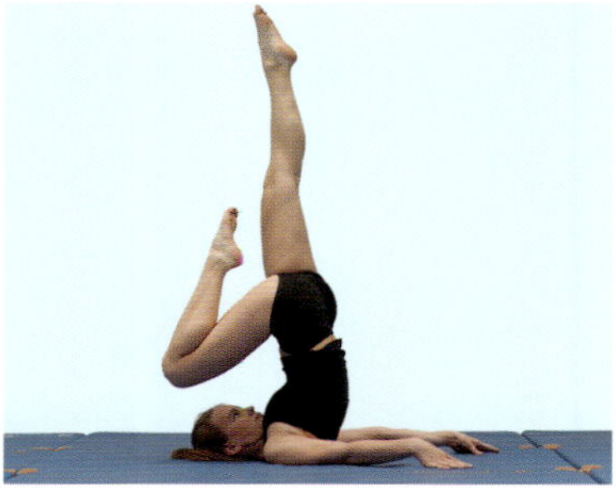

Victory

Ausgangsposition ist sitzend, die Knie weisen nach außen.

- Für das einfache «Victory» wird ein Bein in die Höhe gestreckt und möglichst nahe an den Körper gezogen.
- Für das doppelte «Victory» greifen beide Hände von oben die Füße – dann werden die Beine vorsichtig durchgestreckt.

Koordination:
Beweglichkeit:
Kraft:

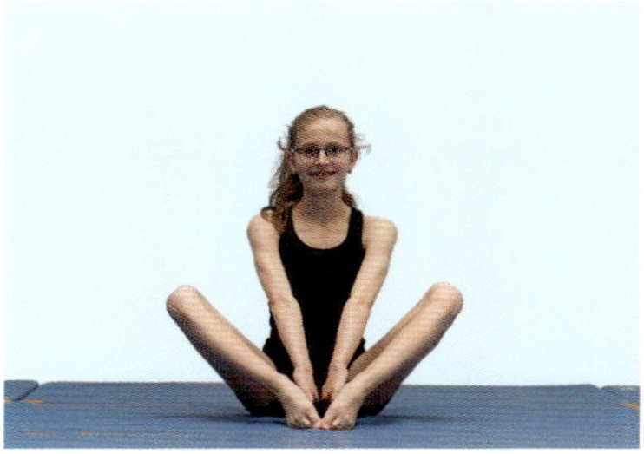

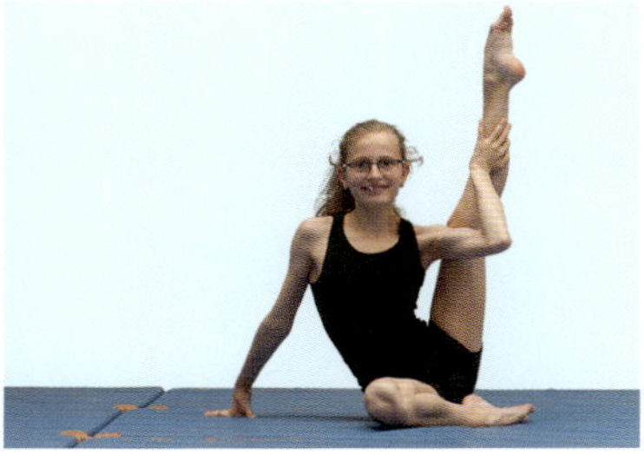

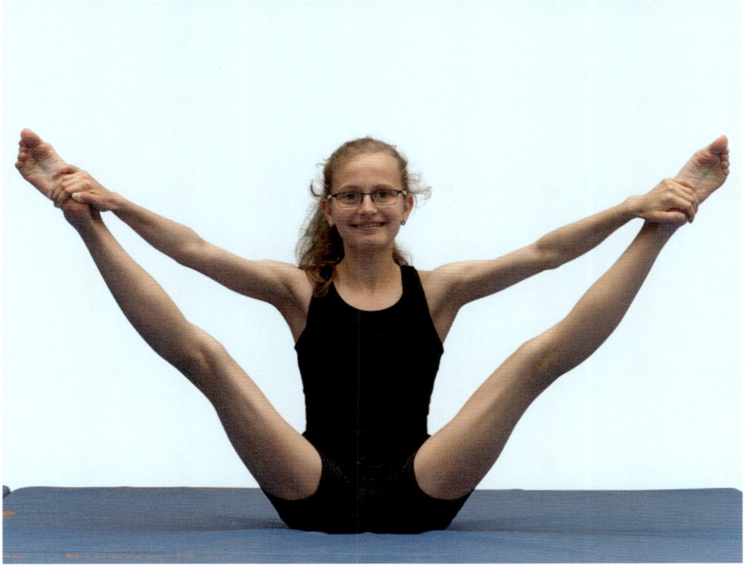

Ein kleiner Sieg über die Schwerkraft – mit großer Wirkung!

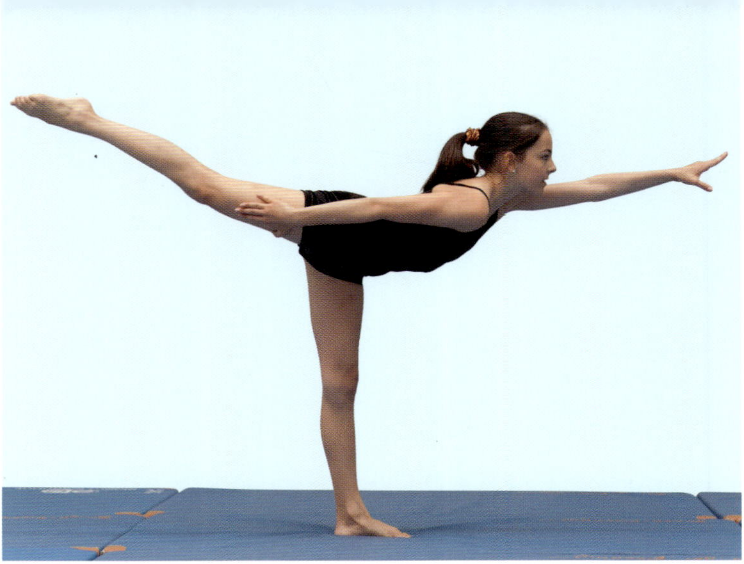

Der Satellite ist eine Figur, mit der sich sehr gut elegante Linien trainieren lassen

Acrobatics Single Stunts

Satellite

Ausgangsposition ist stehend, beide Füße sind parallel aufgesetzt.

- Nun wird der rechte Fuß vom Boden gelöst. Das rechte Bein wird nach hinten gestreckt, der linke Arm geht gleichzeitig nach vorne.
- Die Schultern werden hinuntergezogen, Kopf und Oberkörper aufgerichtet.
- Knie und Füße sind vollkommen gestreckt.
- Es ist darauf zu achten, dass sowohl Oberkörper als auch Spielbein mindestens gleich hoch positioniert sind wie die Hüfte.
- Beide Arme bilden eine Linie.

Koordination: ≡ ≡
Beweglichkeit: ≡
Kraft: ≡

Balzende Eidechse

Ausgangsposition ist der Vierfüßerstand.

- Das Körpergewicht wird abgesenkt, sodass die Schultern auf die Hände zu liegen kommen. Die Ellbogen liegen nahe am Körper und zeigen nach oben, der Kopf wird in den Nacken gelegt.
- Die Beine werden angehockt.
- Nun wird ein Bein in Richtung Hinterkopf gezogen.

Koordination:
Beweglichkeit:
Kraft:

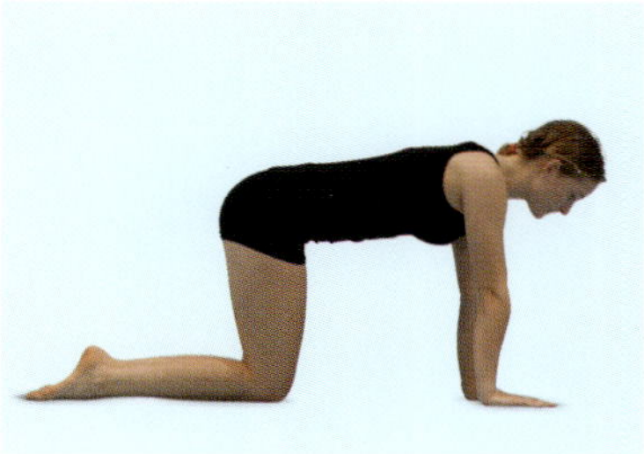

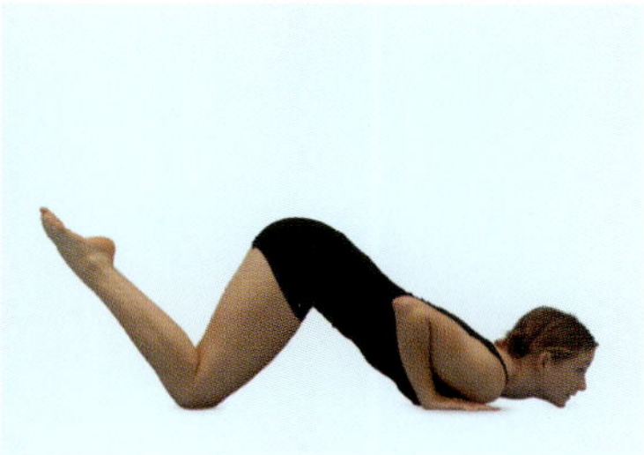

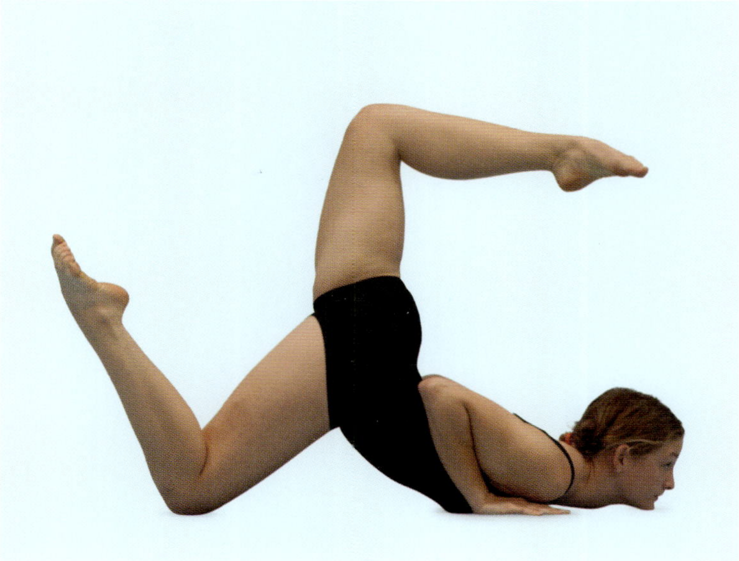

Die Eidechse ist einfach zu turnen und sieht sehr apart aus

Acrobatics Single Stunts

Schildkröte

Ausgangsposition ist eine tiefe Hocke, die Hände werden parallel mit den Fingern gespreizt nach vorne auf den Boden gesetzt.

- Die Beine werden zunächst fast gestreckt.
- Die Arme werden angewinkelt, das Körpergewicht wandert nach vorne und die Knie werden auf die Oberarme gesetzt.
- Nun wird ein Fuß nach dem anderen vom Boden gelöst und die Position ausbalanciert.

Koordination:
Beweglichkeit:
Kraft:

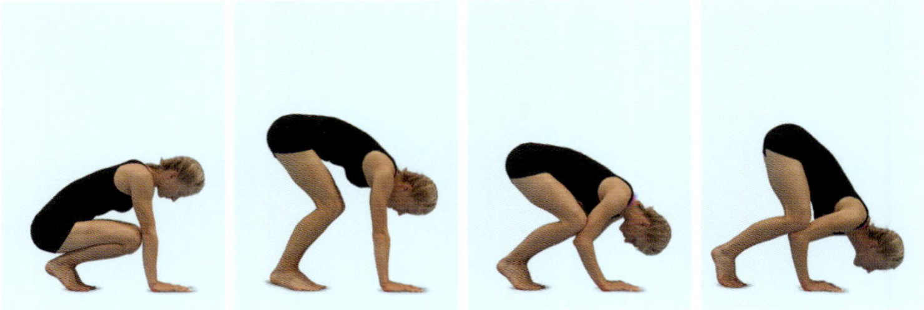

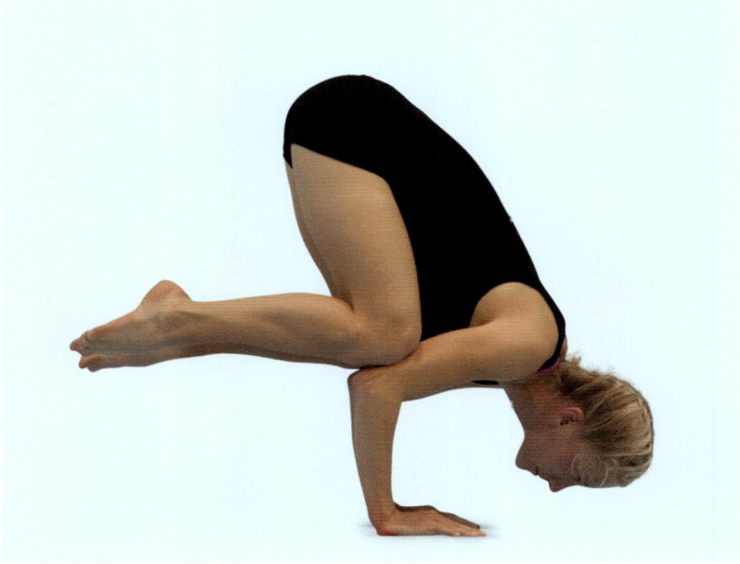

Nur nicht auf die Nas fallen, sons wird aus de Schildkröte ein Mops :-

Acrobatics Single Stunts

Baby Freeze

Ausgangsposition ist kauernd; beide Hände werden seitlich vom Körper aufgesetzt. Die Finger weisen weg vom Körper.

- Nun werden die Ellbogen an den Oberschenkel gedrückt und die Arme angewinkelt.
- Das Gewicht wird langsam auf die Arme verlagert, sodass der Oberschenkel wie eine Tischplatte auf den Unterarmen steht.
- Nun kann man mit den Beinen eine coole Pose kreieren.

Koordination: ≋ ≋
Beweglichkeit: ≋
Kraft: ≋

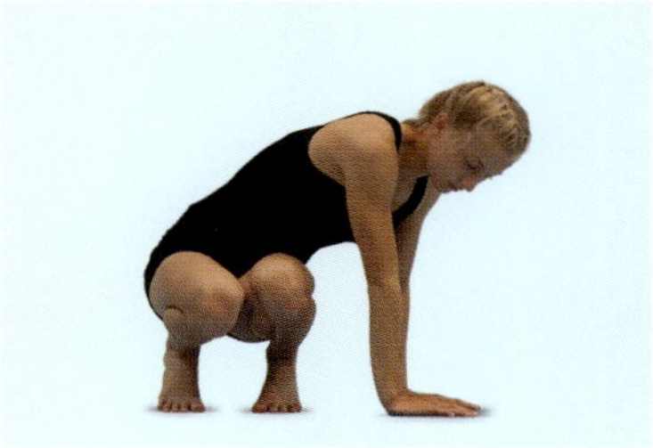

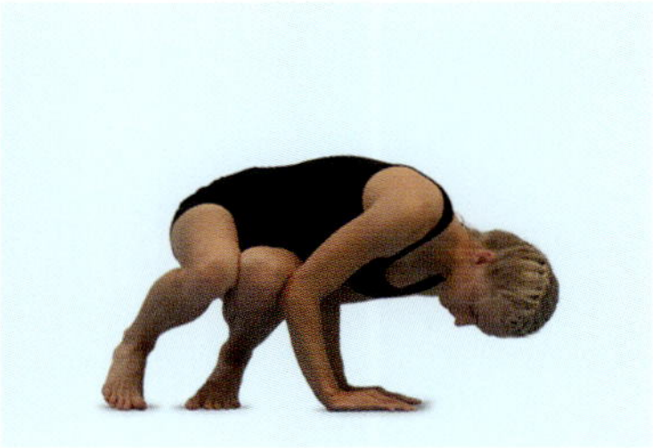

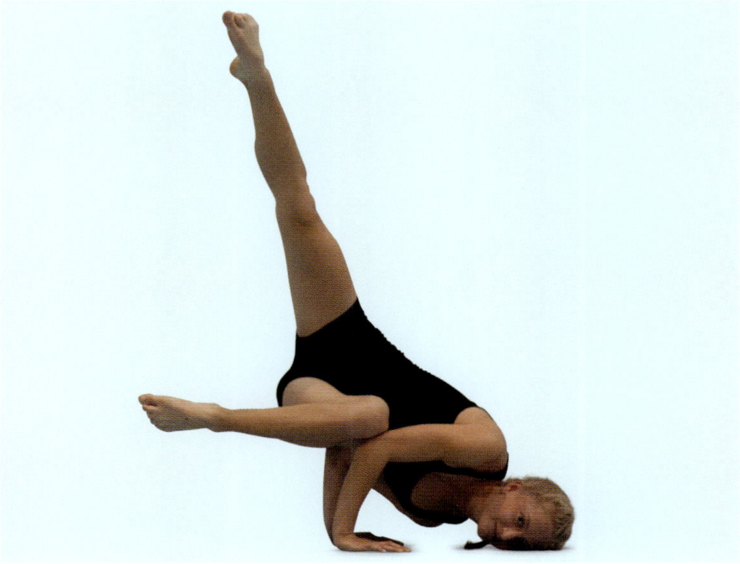

Wenig Aufwand – große Wirkung: Das ist der 3aby Freeze!

Acrobatics Single Stunts

Kinder-Überraschung

Der rechte Arm wird ausgedreht auf den Boden gelegt, die linke Hand stützt am Boden auf. Der Kopf wird seitlich aufgelegt, das Gesicht vom gestreckten Arm weg.

- Das linke Knie wird auf den Oberarm aufgesetzt.
- Nun wird vorsichtig das rechte Knie vom Boden gelöst.
- Die Hüfte wird möglichst weit in die Höhe gestemmt, der Rücken bleibt rund und die Beine angehockt, um das Ei darzustellen.

Koordination:
Beweglichkeit:
Kraft:

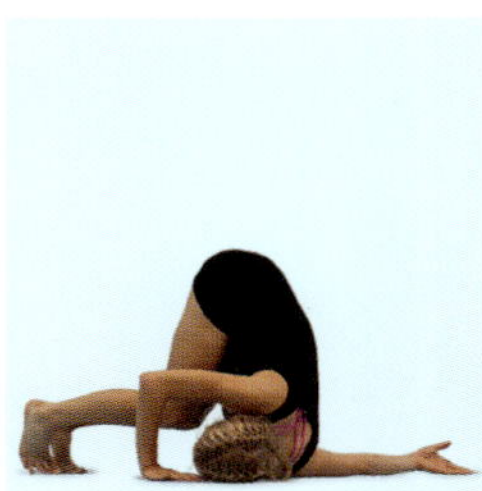

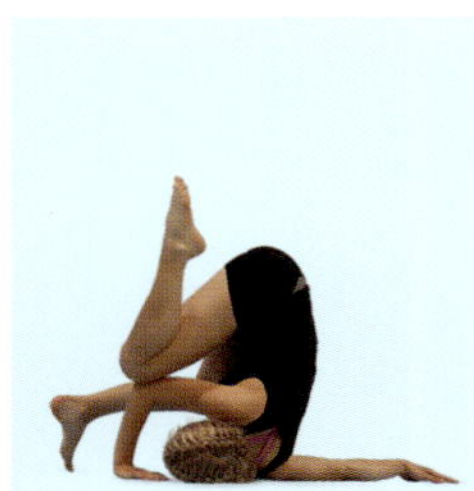

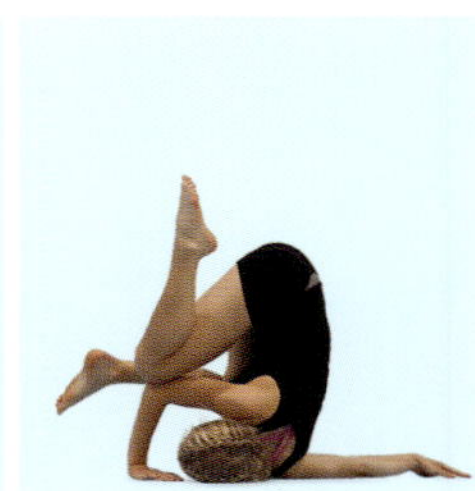

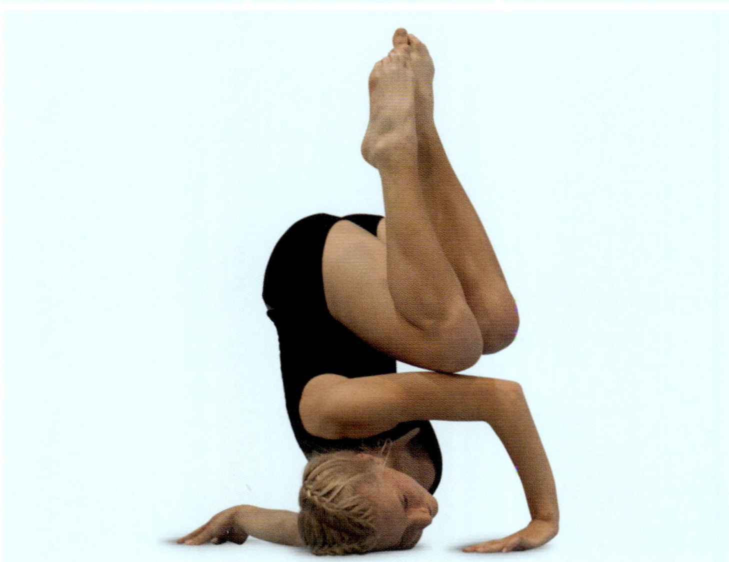

Die Kinder-Überraschung erfreut auch Erwachsene

Flexi Hexi
ist total
schräg,
aber auch
total cool.
nteresse ...?

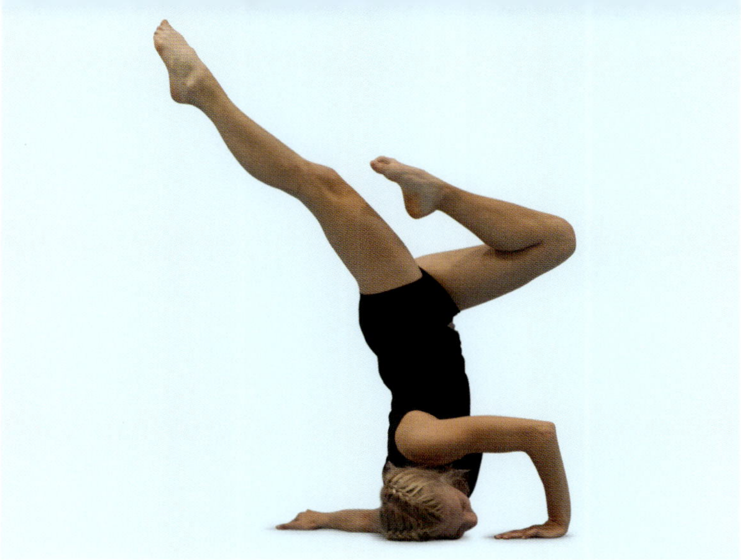

Acrobatics Single Stunts

Flexi Hexi

Ausgangsposition ist die «Kinder-Überraschung» (S. 38).

- Nun wird vorsichtig zuerst das rechte Bein in die Höhe gestreckt.
- Ist eine stabile Position erreicht, wird die Körperspannung nochmals erhöht und das linke Knie vom Oberarm gelöst.
- Nun kann man mit den Beinen eine stylische Pose kreieren.

Koordination: 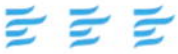
Beweglichkeit: 
Kraft: 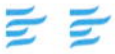

Acrobatics Single Stunts

Chinesische Wunderschlange

Zuerst schwingt man in den Handstand und stützt sich gut an der Wand ab. Achtung: Mind. 40 cm Abstand zur Wand einhalten!

- Dann winkelt man zunächst ein Bein an und legt es an die Wand.
- Dann folgt das zweite Bein.
- Aus dieser Position bewegt man die Beine der Wand entlang hinunter in Richtung des Kopfes und kreiert eine schöne Pose.

Koordination:
Beweglichkeit:
Kraft:

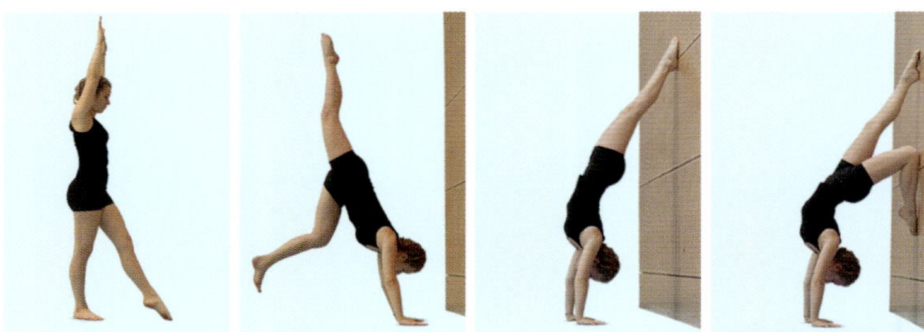

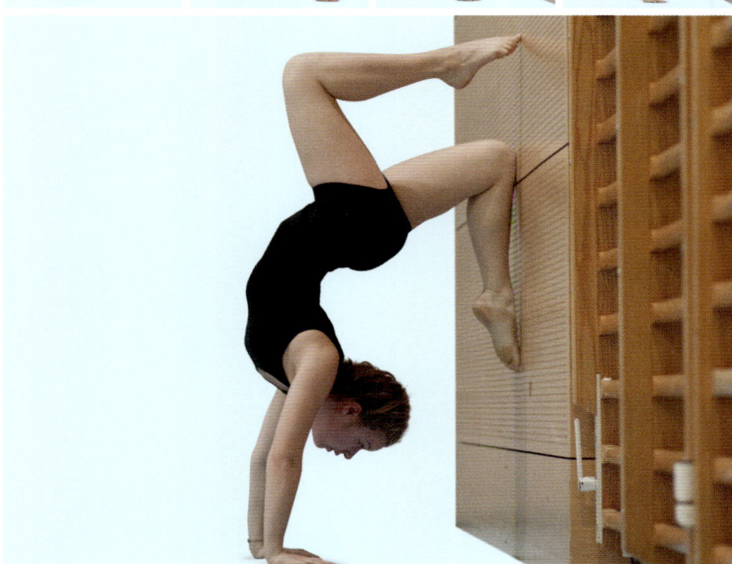

Asiatisches Geheimrezept für ultimative Beweglichkeit im Rücken!

Das Pin-up sieht sexy aus und macht stählerne Rücken-muskeln!

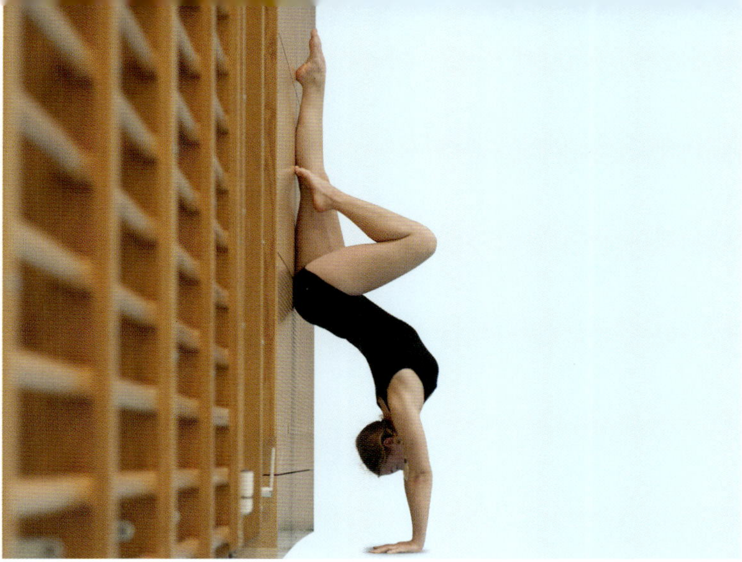

Acrobatics Single Stunts

Pin-up-Handstand

Zuerst schwingt man in den Handstand (Anleitung S. 26) und lehnt sich an die Wand. Hierbei ist zu beachten, dass die Arme mindestens 30 cm Abstand von der Wand haben. Danach zieht man den Körper in die gewünschte Position.

Varianten

- Super Seven: Beide Beine von der Wand wegstrecken.
- Tuck: Beide Beine anhocken.
- Bendy Yogi: Die Beine in den Schneidersitz ziehen.
- Alle Formen aus dem Skorpion turnen.

Koordination: ≋ ≋
Beweglichkeit: ≋ ≋
Kraft: ≋

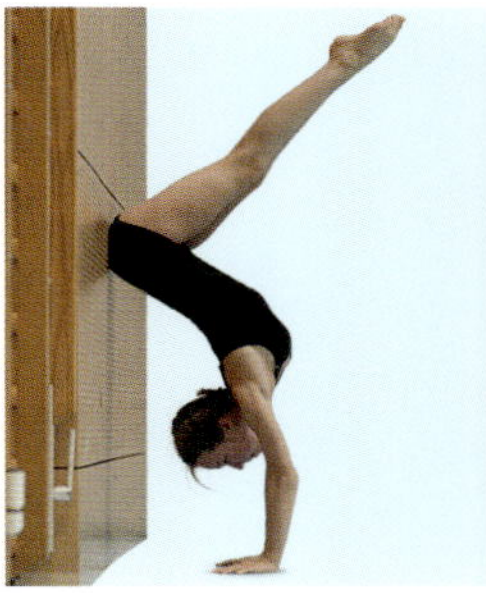

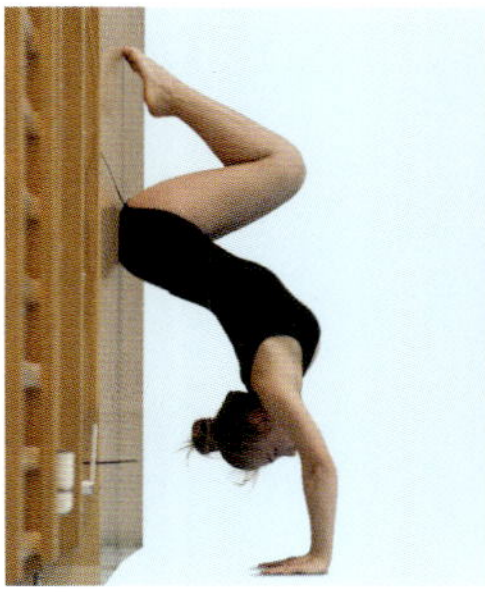

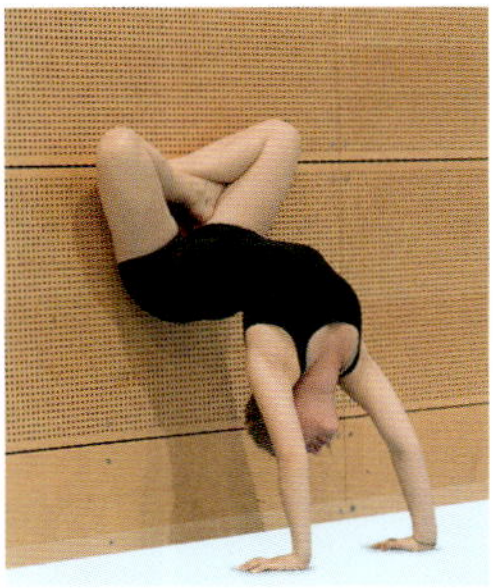

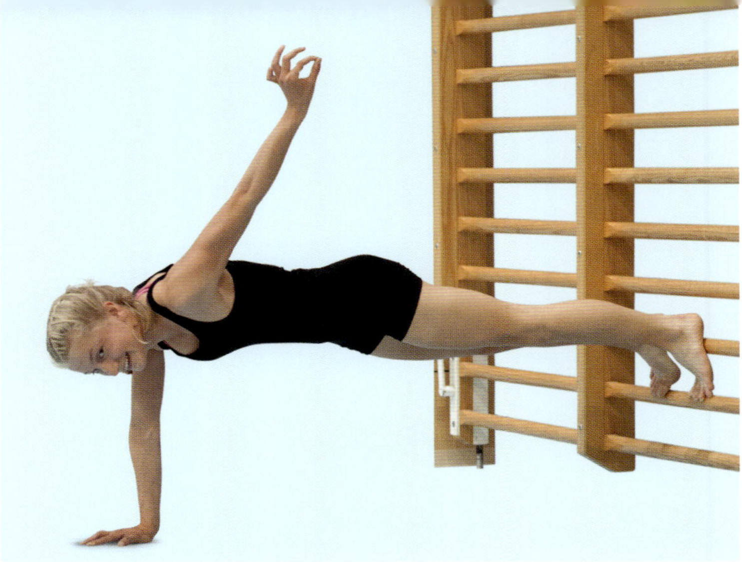

Hochspannung in der Horizontale

Acrobatics Single Stunts

Aerial Push-up

Zunächst stellt man sich im Vierfüßerstand auf den Boden, die Füße ca. 30 cm von der Wand. Dann geht's los:

- Ein Bein strecken und den Fuß gegen die Wand pressen.
- Spannung aufbauen, bis man den zweiten Fuß vom Boden lösen und neben den ersten stellen kann.
- Mit beiden Füßen gegen die Wand drücken und noch mehr Spannung aufbauen, sodass man schließlich einen Arm vom Boden lösen kann.
- Mit dem freien Arm winken und den Fans zulächeln!

Tipp

- An der Sprossenwand ist die Übung sehr viel einfacher als an einer glatten Wand. Suche Dein persönliches Limit.

Koordination: ≡ ≡
Beweglichkeit: ≡
Kraft: ≡ ≡ ≡

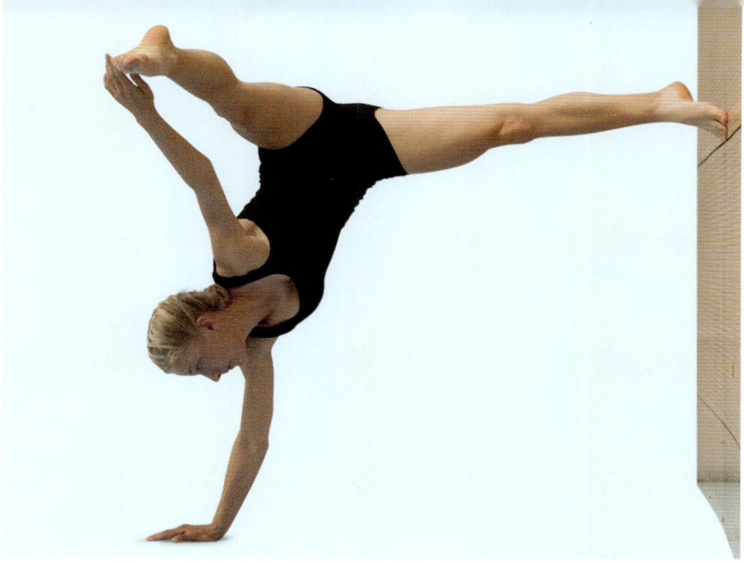

Acrobatics Single Stunts

Jordan Handstand

Gestartet wird im Handstand mit dem Bauch gegen die Wand.

- Ein Arm und ein Bein werden von der Wand gelöst und gefasst.

Variante

- Für die Variante mit dem Rücken gegen die Wand schwingt man zuerst auf, grätscht dann die Beine und löst einen Arm vom Boden.

Koordination: ≡ ≡ ≡
Beweglichkeit: ≡
Kraft: ≡ ≡ ≡

Variante

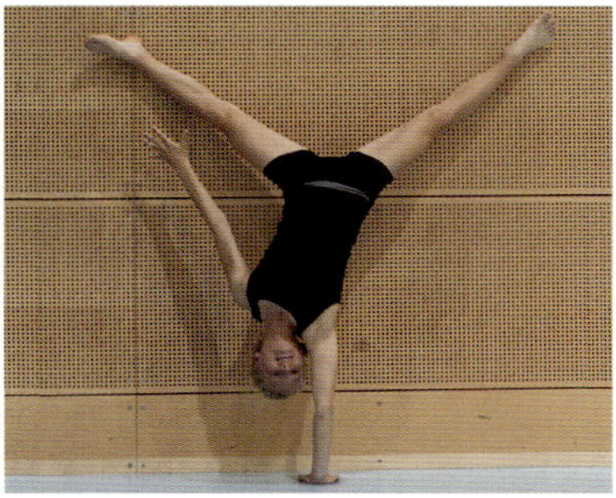

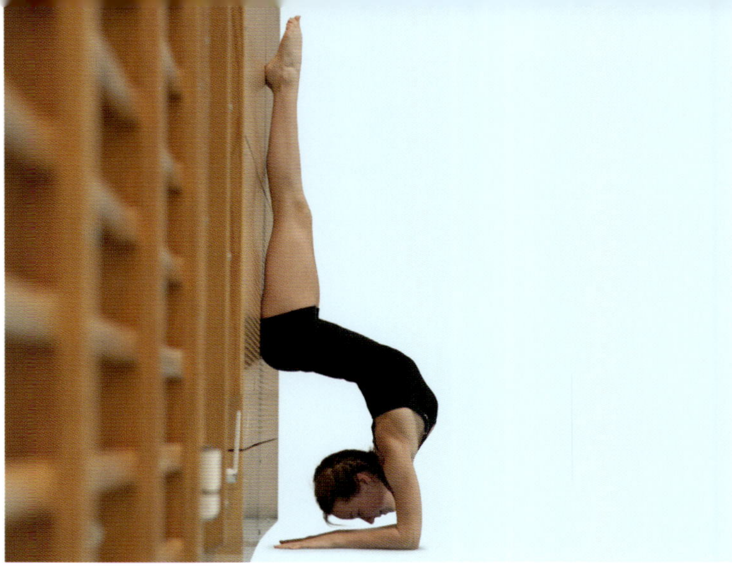

Der Shot stärkt Rücken und Schultern

Acrobatics Single Stunts

Shot

Zuerst turnt man einen Skorpion mit dem Rücken zur Wand (S. 24) und lehnt sich an die Wand. Danach zieht man den Körper in die gewünschte Position.

Tipps

- Je weiter die Arme von der Wand weg sind, desto spektakulärer.
- Lässt sich als Partner-Übung turnen (S. 72).

Varianten

- Lazy Unicorn (beide Beine leicht anziehen).
- Seven (beide Beine von der Wand wegstrecken).

Koordination:
Beweglichkeit:
Kraft:

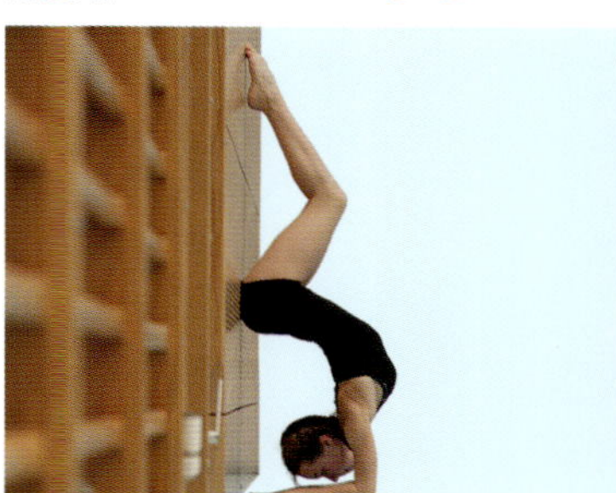

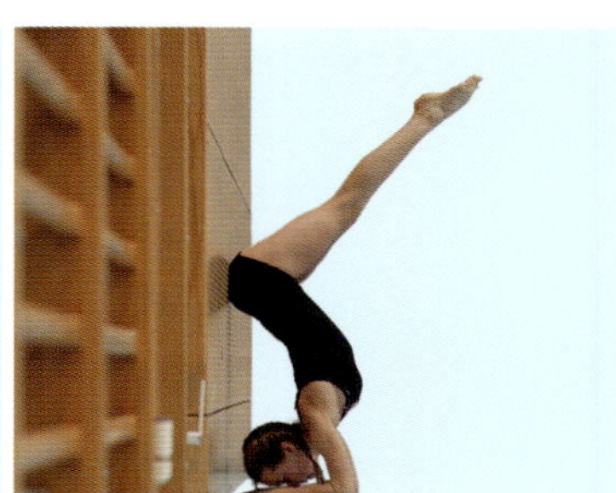

Acrobatics Single Stunts

Magic Bumblebee

Ausgangsposition ist eine tiefe Hocke, die Hände werden parallel mit den Fingern gespreizt nach vorne auf den Boden gesetzt.

- Man hebt die Hüfte an, verlagert das Gewicht nach vorne, schlägt ein Bein über das andere und legt das übergeschlagene Bein auf die Oberarme. Nun bringt man das Körpergewicht noch weiter nach vorne, bis sich der Fuß des Standbeins vom Boden löst.
- Dann streckt man das ehemalige Standbein nach hinten aus.

Koordination:
Beweglichkeit:
Kraft:

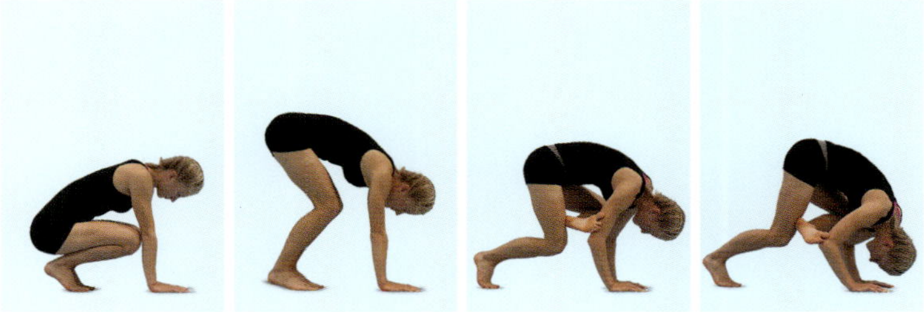

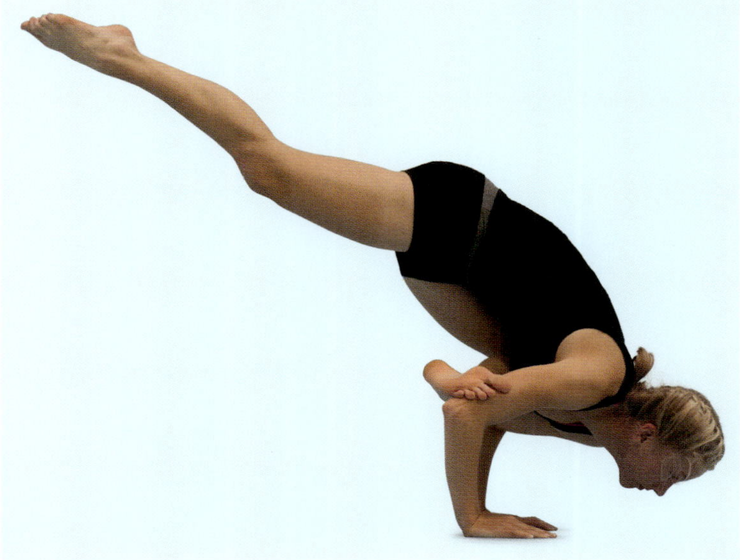

Nicht ganz einfach, aber absolut spektakulär: Die Hummel

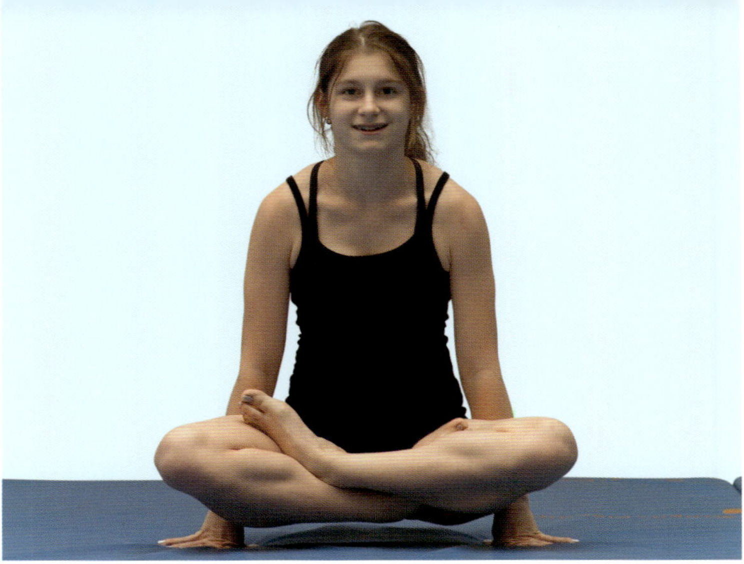

Wenn man den Aladin schafft, darf man sich etwas wünschen!

Acrobatics Single Stunts

Aladin

Ausgangsposition ist die Sitzposition. Die Hände werden nahe beieinander aufgesetzt, die Finger sind gespreizt und nach vorne gerichtet. Die Arme sind komplett durchgestreckt.

- Das Körpergewicht wird nach vorne verlagert, bis das Gesäß in die Luft gehoben wird.
- Mittels Anspannen der Bauchmuskeln werden die Beine in die Luft gehoben.
- Beine und Füße werden komplett durchgestreckt, die Schultern nach unten gedrückt.

Koordination: ≡ ≡ ≡
Beweglichkeit: ≡ ≡
Kraft: ≡ ≡ ≡

Varianten

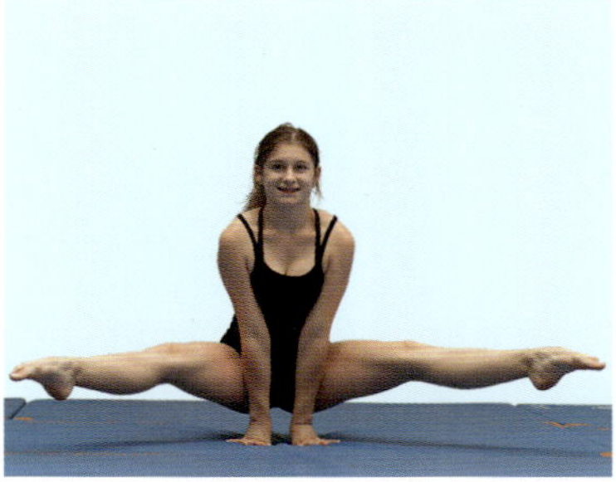

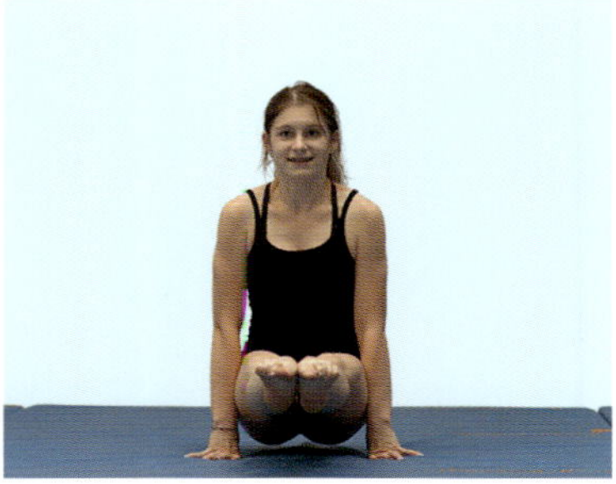

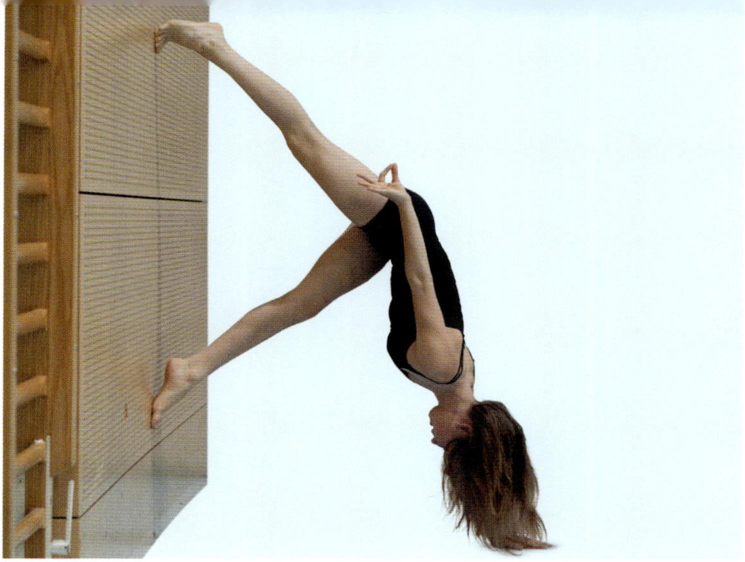

Acrobatics Single Stunts

The Walking Dead

Man beginnt im Vierfüßerstand mit den Füßen gegen die Wand.
Dann geht's los:

- Die Wand hochlaufen, bis Arme/Körper und Beine einen rechten Winkel aufweisen.
- Die Beine in Schrittstellung bringen.
- Das Gewicht auf einen Arm verlagern, und den anderen Arm hochheben.
- Haare drapieren (lassen), sodass der stützende Arm nicht mehr zu sehen ist.
- Mit dem freien Arm eine coole Pose kreieren.

Koordination: ⚞⚞
Beweglichkeit: ⚞
Kraft: ⚞⚞⚞

Acrobatics Single Stunts

Eisprinzessin

Ausgangsposition ist der aufrechte Stand, beide Füße stehen parallel.

- Die rechte Hand greift den rechten Fuß von der Außenseite her.
- Dann wird der Rücken durchgebogen, die zweite Hand greift den Fuß und dieser wird so stark wie möglich nach oben gezogen.
- Dann wird eine Hand vom Fuß gelöst und nach vorne gestreckt.
- Der Blick ist nach vorne gerichtet, die Schultern sind tief.

Koordination:
Beweglichkeit:
Kraft:

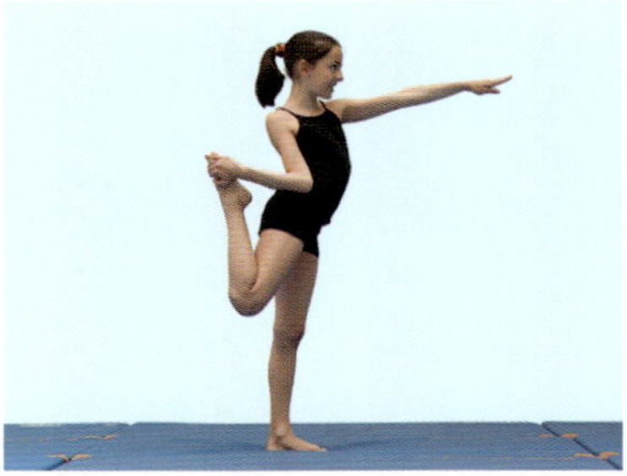

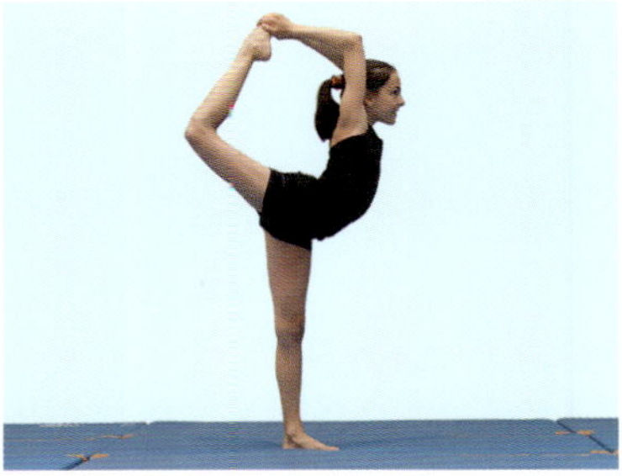

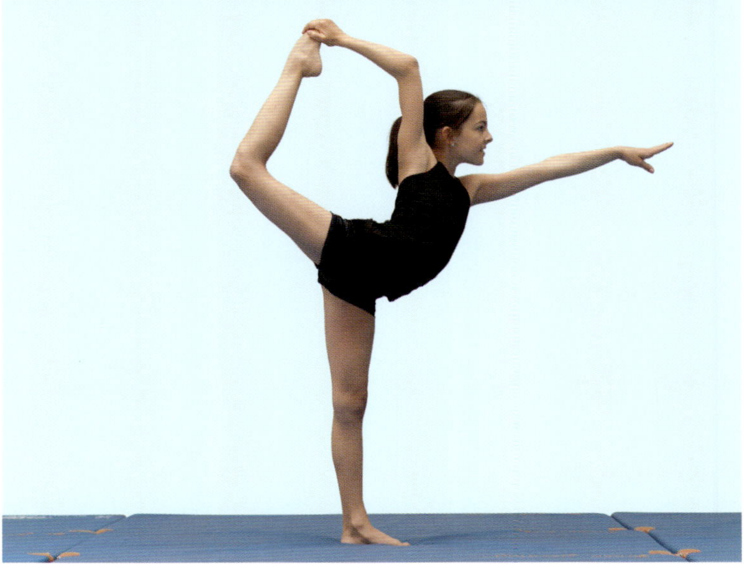

Beim Anblic
unserer
Eisprinzessi
wird Königi
Elsa grün
vor Neid

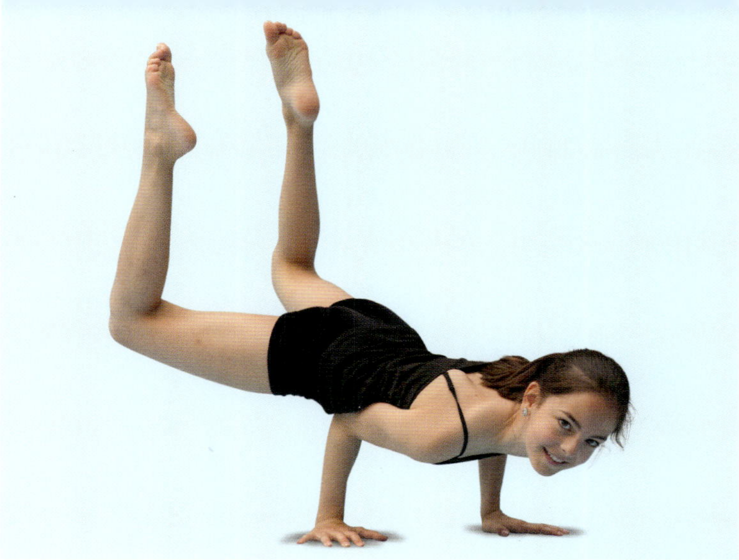

Achtung giftig! Der Stachelrochen ist nicht so einfach zu lernen, sieht dafür aber spektakulär aus

Stachelrochen

Ausgangsposition ist der Vierfüßerstand. Beide Hände werden parallel auf den Boden gesetzt, die Finger sind gespreizt und weisen nach vorne.

- Der rechte Ellbogen wird auf den rechten Beckenknochen platziert und dort fixiert.
- Nun wird das Gewicht auf selbigen Arm sowie nach vorne verlagert und Körperspannung aufgebaut, sodass man auf dem rechten Arm stehen kann.
- Die Beine werden angewinkelt, um den Körperschwerpunkt weiter nach vorne zu bringen.
- Man muss darauf achten, dass die Körperlinie schön gerade ist (das Gesäß darf nicht der höchste Punkt der Figur sein).

Tipp

- Der Stachelrochen ist einfacher, wenn man den Kopf seitlich auf dem Boden aufsetzt.

Koordination:
Beweglichkeit:
Kraft:

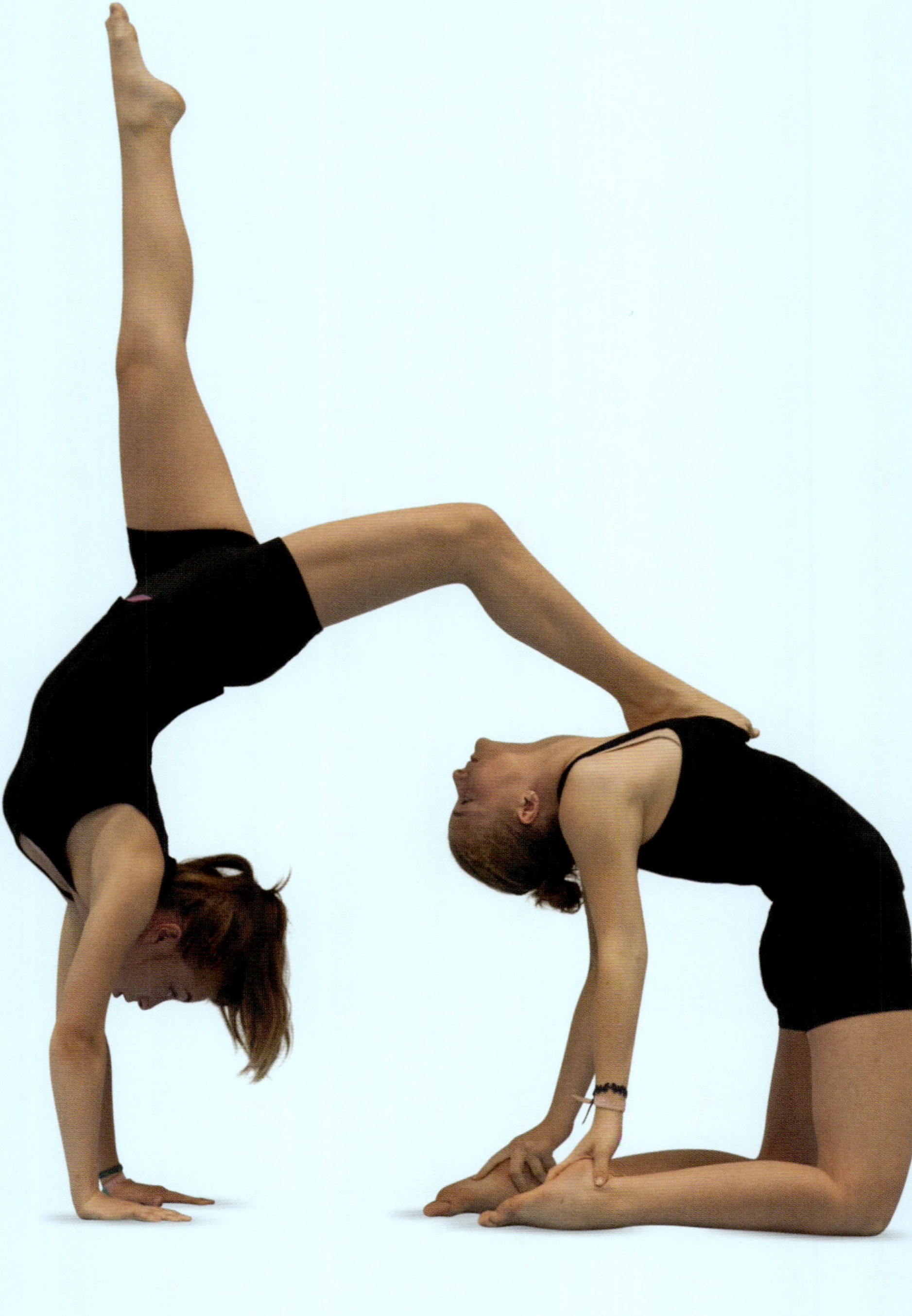

Partner Stunts

Zu zweit geht vieles einfacher. Und die Gestaltungsmöglichkeiten verdoppeln sich! Mit etwas Übung lassen sich mit einem Partner die wildesten Kunststücke inszenieren. Los geht's!

Acrobatics Partner Stunts

Allgemeines

Diese Instruktionen gelten für Partner Stunts genauso wie für die Flash Mobs. Folgendes ist zu beachten:

- Eine gute Instruktion bildet die Basis auf der man aufbauen kann.
- Kommunikation und Wachsamkeit sind wichtig. Genaue Absprachen, wer welche Position einnimmt, sind erforderlich. Jeder sollte wissen was zu tun ist und worauf zu achten ist.
- Persönliche Rückmeldungen und gegenseitiges Ermutigen ermöglichen eine vertrauensvolle Zusammenarbeit.
- Ein sinnvolles, aufbauendes Einwärmen beugt Verletzungen vor und sensibilisiert die Wahrnehmung.
- Schuhe sind tabu. Wer nicht barfuß turnen möchte, wählt Socken, Schläppchen mit Ledersohlen oder RSG-Kappen.

Material

- Yoga- oder Airex-Matte.
- Bei komplexen Figuren kopfüber ggf. 16er-Matte im Sturzraum.

Grundpositionen

Für die Flyers können fast alle Positionen aus dem Kapitel «Single Stunts» dienen. Für die Base gibt es u. a. folgende Grundpositionen:

- **Vierfüßerstand:** Das Gewicht ist gleichmäßig auf beide Arme und Beine verteilt. Die Knie stehen senkrecht unter den Hüftgelenken, die Hände senkrecht unter den Schultern (Bild 1).
- **Rückenlage:** Die Base liegt auf dem Rücken. Die Beine sind in der Regel angewinkelt und die Arme nach oben gestreckt (Bild 2).
- **Brücke:** Grundlage ist die Basic-Brücke (Anleitung s. Seite 32). Dient die Brücke als Base für Partner Stunts, ist auf eine gute Statik zu achten: Das Gewicht wird auf die Arme verlagert, der Rücken wird gebogen, sodass die Arme möglichst senkrecht stehen (Bild 3).

1

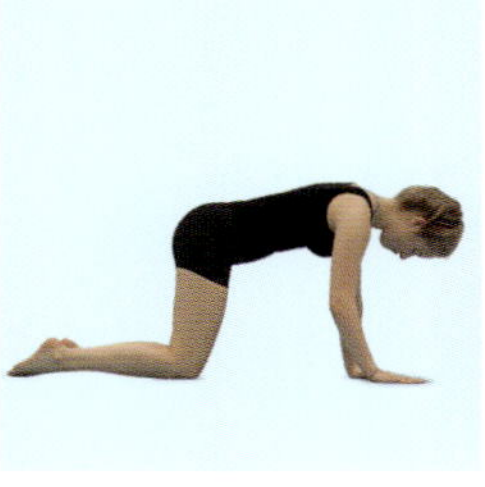

2

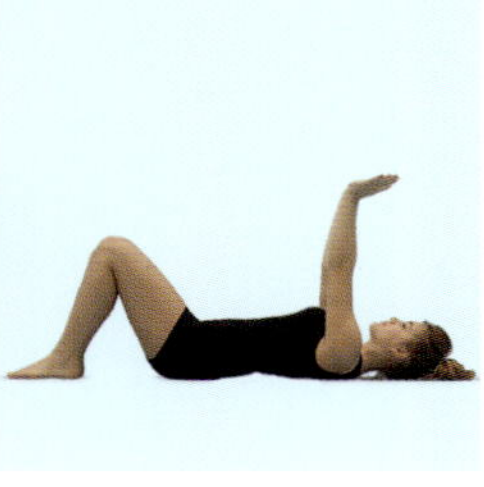

3

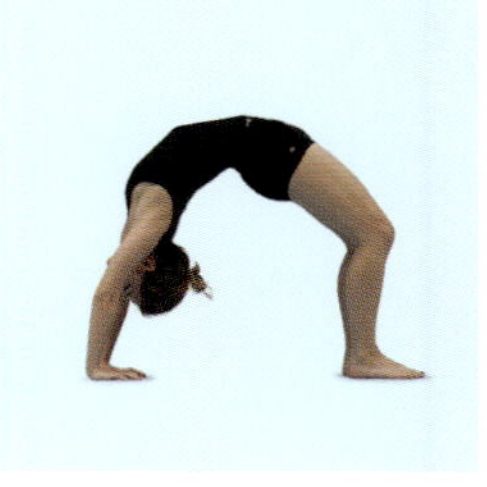

Rollen

- **Die Base:** Diese muss gute Körperspannung und viel Kraft haben. Das Gewicht und die Größe spielen eine untergeordnete Rolle.
- **Der Flyer:** Er berührt den Boden nicht. Geeignet sind vor allem kleine, leichte Personen mit guter Körperspannung.
- **Der Spotter:** Sichert die turnenden Personen.

Spotting

- Die Hauptaufgabe des Spotters ist die Sicherheit der Turnenden.
- Er gibt zudem Anweisungen und Korrekturen an die Turnenden.
- Er steht nahe bei den Turnenden, um rasch eingreifen zu können.
- Im Falle eines Sturzes greift der Spotter bestimmt und fest mit beiden Armen um die Körpermitte des Fallenden.

Auflagepunkte

- **Schultern:** quer über die Schulterblätter oder längs (Bild 1).
- **Hände/Arme:** Unterarmgriff oder Klammergriff (Bild 2).
- **Gesäß/Kreuzbein:** seitlich der Wirbelsäule (Bild 3).
- **Hüfte:** Füße gerade in der Verlängerung der Beine (Bild 4).

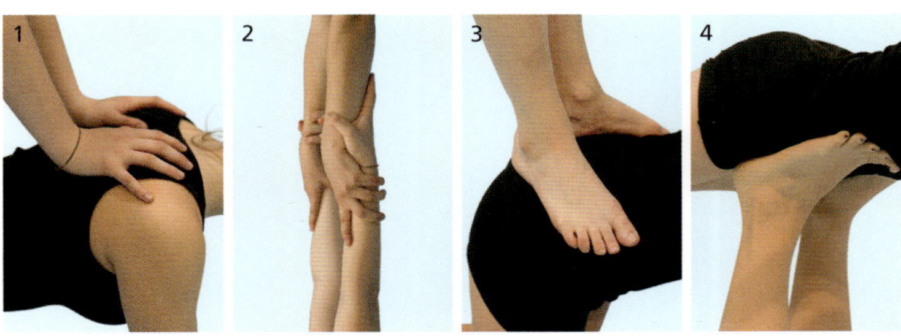

- **Rücken:** Auf Gesäß und Schultern stützen (Bild 5), NICHT in der Mitte des Rückens (Bild 6).

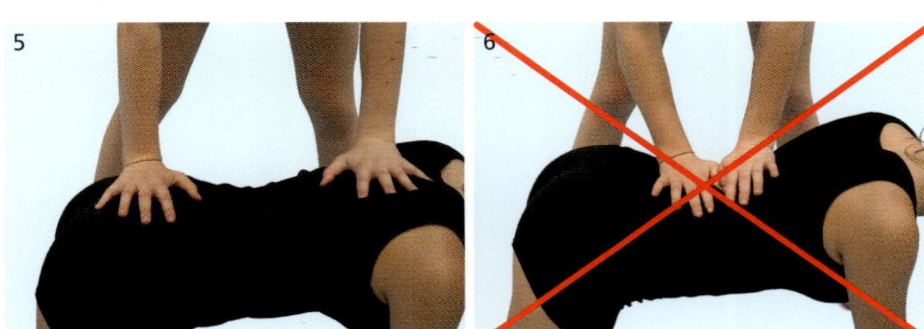

Acrobatics Partner Stunts

X-Factor

- Beide stehen Rücken an Rücken und haken die Arme ein. Die Base lehnt den Oberkörper nach vorne und hebt den Flyer hoch.
- Der Flyer spannt die Bauchmuskeln und winkelt die Knie an.
- Sobald die Position stabil ist, streckt er die Beine V-förmig auseinander. Beide kreieren eine schöne Armpose.

Koordination:
Beweglichkeit:
Kraft:

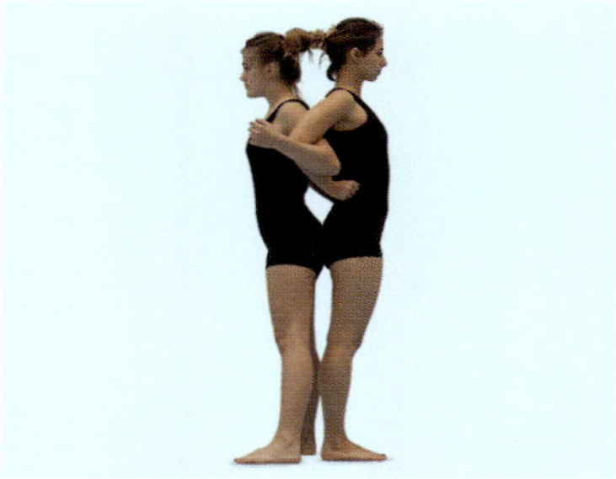

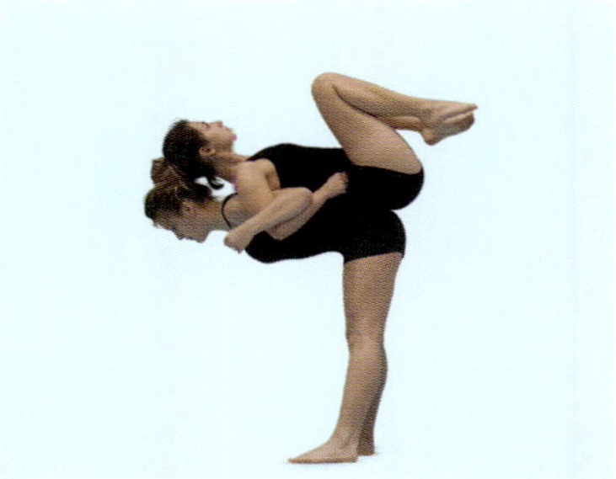

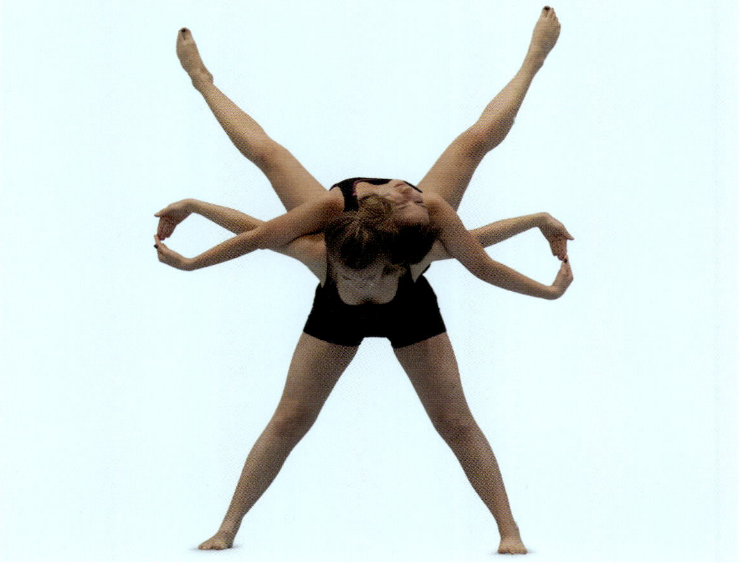

Probieren geht über buchstabieren!

Crazy Dice

- Die Base und der Flyer fassen sich gegenseitig die Fußgelenke und haben die Arme gestreckt.
- Indem der Flyer sein Becken nach oben zieht, kann sich die Base mit viel Bauchmuskel-Aktivität aufsetzen.
- Sobald ein rechter Winkel erreicht ist, wird die Position gestaltet.

Koordination:
Beweglichkeit:
Kraft:

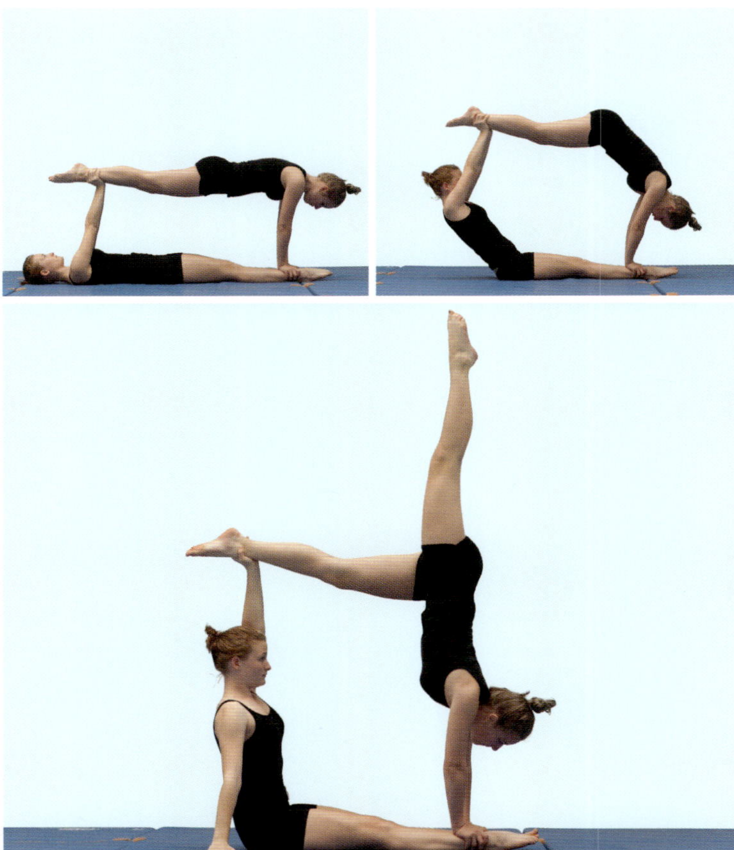

Würfelspiele sind lustig und geben gute Bauchmuskeln!

Acrobatics Partner Stunts

Queen & King

- Die Hände der Base greifen die Fußgelenke des Flyers. Die Füße des Flyers setzen an den Sitzbeinhöckern des Flyers an.
- Der Flyer setzt sich vorsichtig auf die Füße der Base, die Base rollt langsam in die Rückenlage und nimmt das Gewicht des Flyers auf.
- Die Base streckt die Beine durch.

Koordination: ⚡⚡
Beweglichkeit: ⚡
Kraft: ⚡

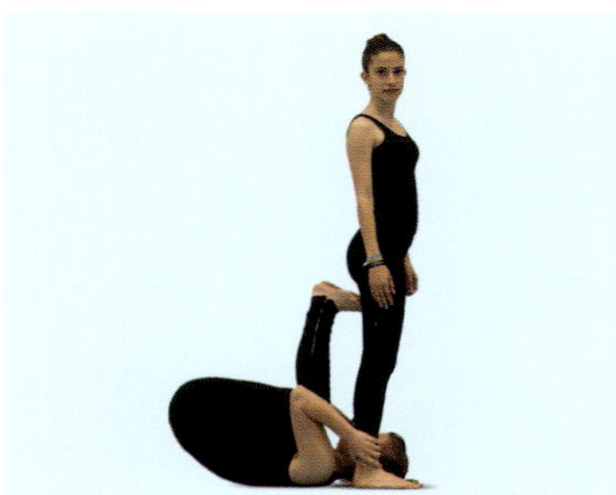

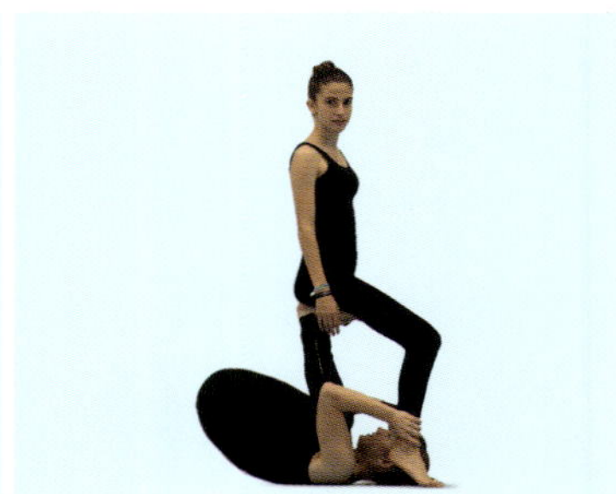

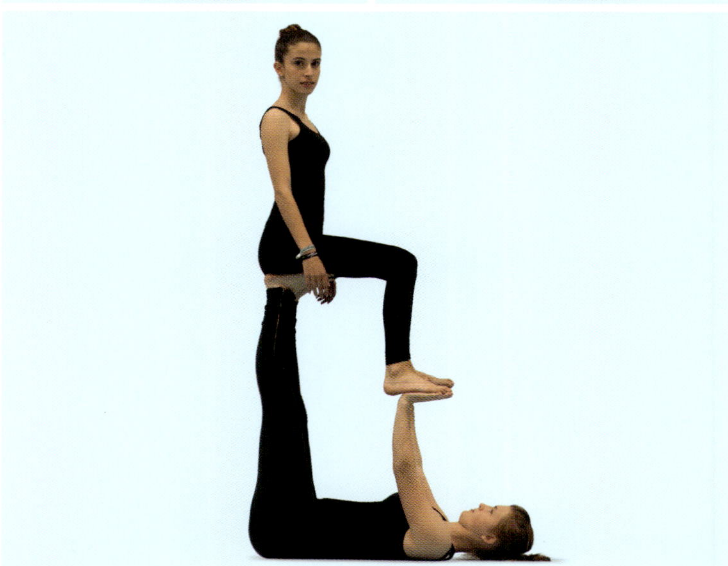

Auf dem Thron fühlt man sich wie Kleopatra im Frühling

Liegestuhl

- Die Base fasst die Fußgelenke und platziert die Zehen etwa in der Mitte des Rückens des Flyers.
- Der Flyer verlagert das Gewicht nach hinten und lässt Kopf und Arme hängen. Dann drückt die Base die Beine des Flyers hoch.
- Beide Akrobaten können nun die Endposition gestalten.

Koordination:
Beweglichkeit:
Kraft:

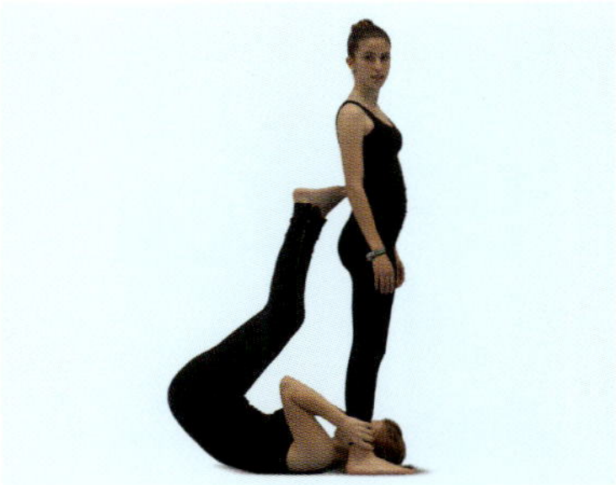

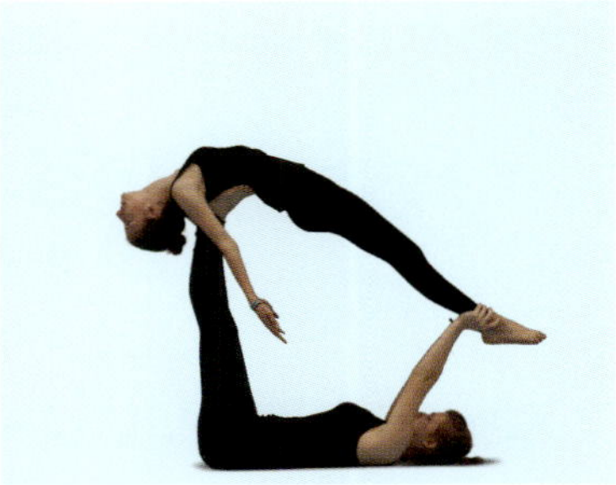

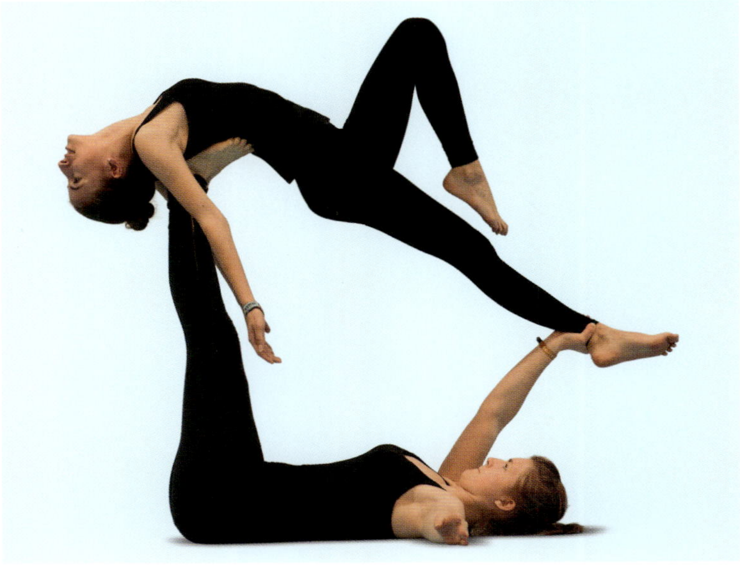

Einfach mal auf Händen und Füßen getragen zu werden: Wer möchte das nicht?

Einhorn

- Die Base steht im Vierfüßerstand oder in der Brücke.
- Der Flyer steht neben der Base und fasst mit beiden Armen um deren Rumpf. Er legt seinen Oberkörper über den Rücken der Base, klammert sich fest, springt vom Boden ab und zieht das Becken nach oben.

Koordination:
Beweglichkeit:
Kraft:

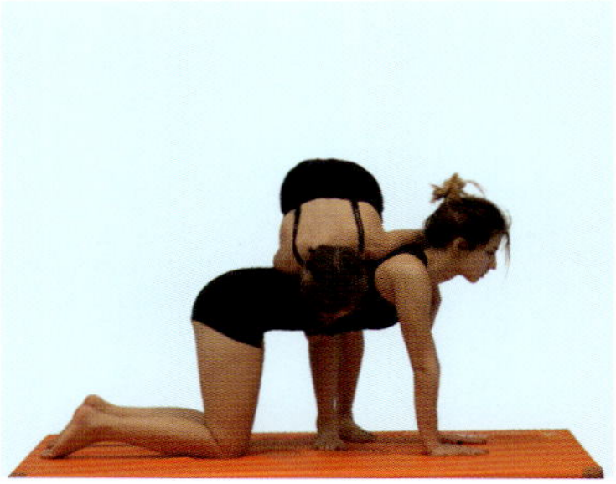

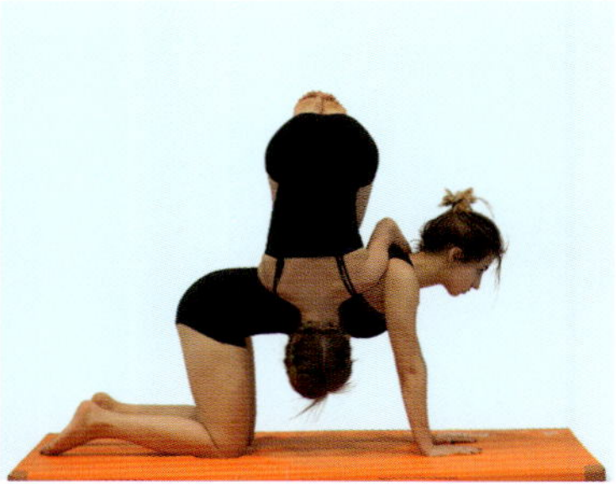

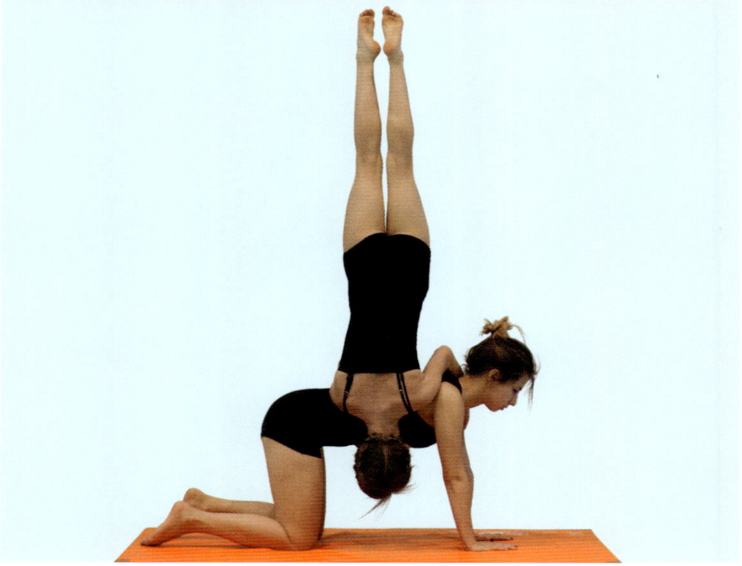

Einhörner gibt's nicht nur in Märchenbüchern, sondern seit neuestem auch in Turnhallen

Seelöwe

- Beide haben gestreckte, möglichst senkrecht stehende Arme.
- Die Base fasst das Bein des Flyers oberhalb vom Kniegelenk, der Flyer fasst die Kniegelenke der Base.
- Der Flyer streckt das zweite Bein und wird von der Base gefasst.
- Nun winkelt er die Beine an und nähert Kopf/Zehen einander an.

Koordination:
Beweglichkeit:
Kraft:

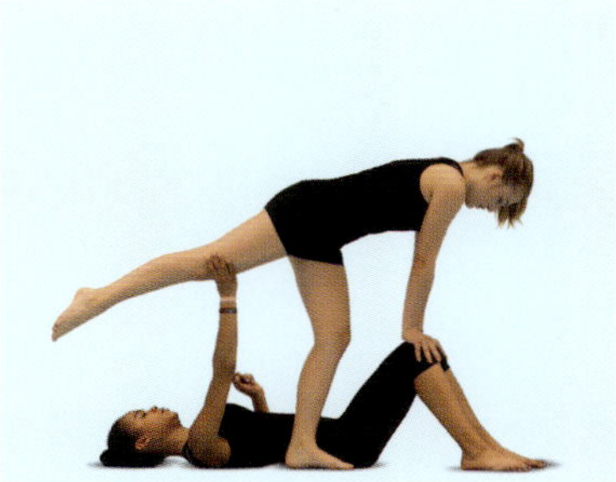

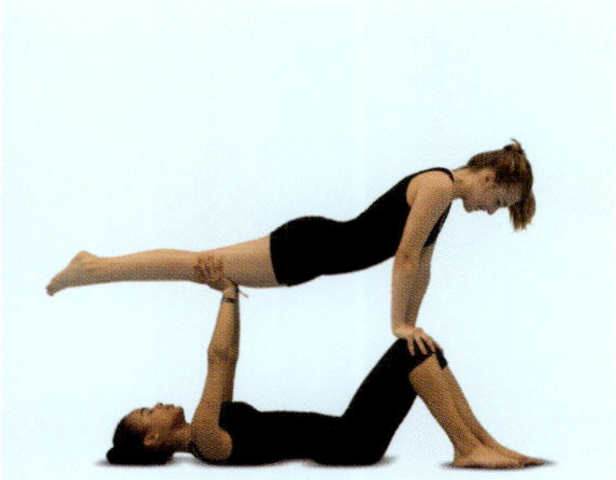

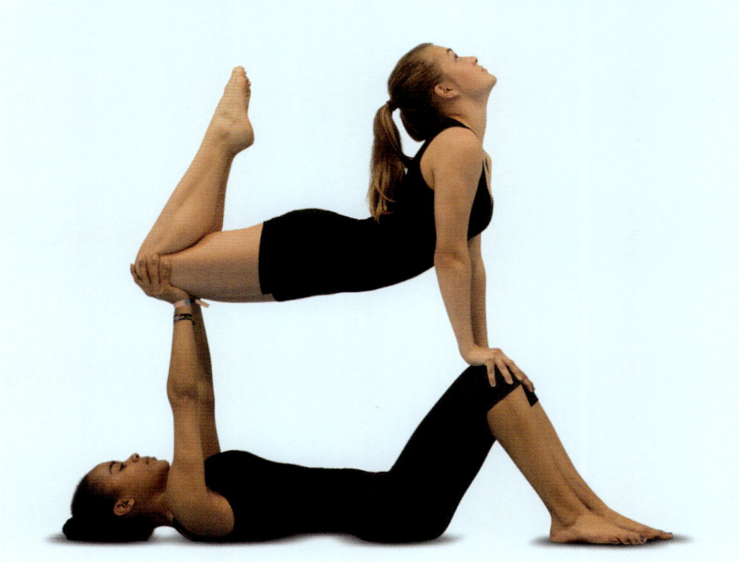

Der Seelöwe blickt zu den Sternen und steht voll über der Sache

Acrobatics Partner Stunts

Ananas

- Die Hände greifen an den Schultern des Flyers. Der Flyer stützt sich mit den Armen oberhalb der Knie der Base ab. Beide haben gestreckte Arme.
- Der Flyer springt fest vom Boden ab und zieht das Becken hoch.
- Sobald der Flyer stabil ist, bringt er die Beine in Position.

Koordination:
Beweglichkeit:
Kraft:

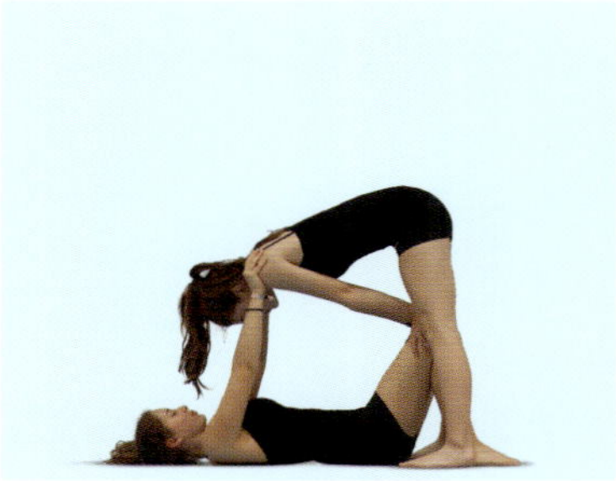

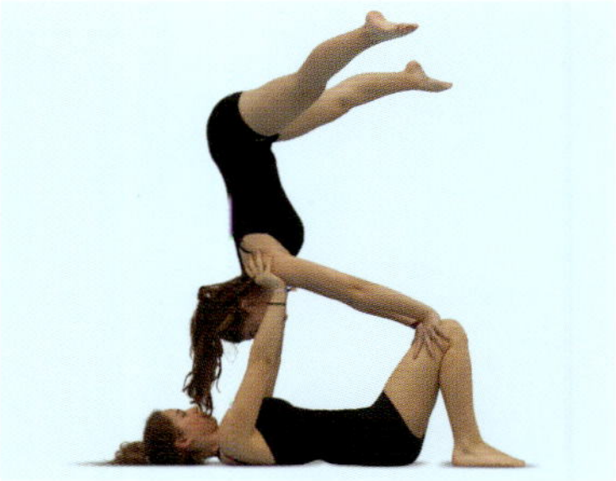

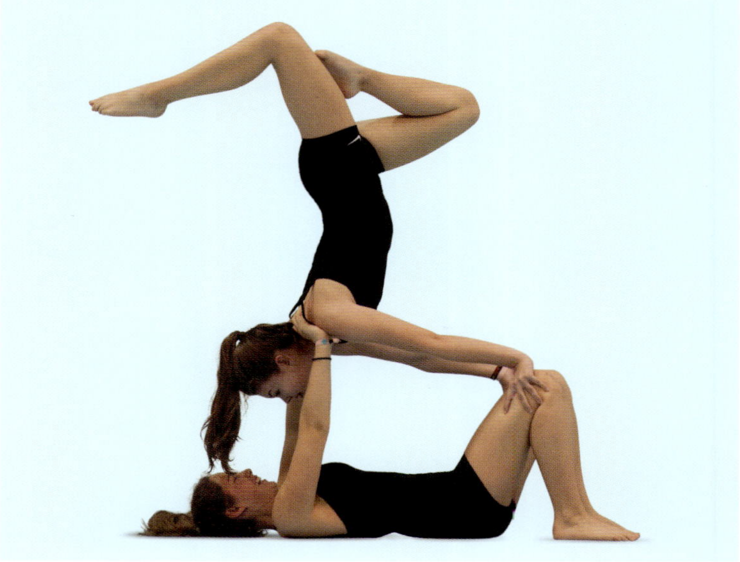

Schon mal eine fliegende Ananas gesehen? Hier ist sie

Kick Ass

- Die Base liegt auf dem Rücken und streckt die Beine senkrecht in die Höhe. Der Flyer schwingt in den Handstand, wobei sie die Hände links und rechts des Kopfes der Base aufsetzt.
- Die Base greift die Oberarme des Flyers und stabilisiert die Figur, bis ihre Füße das Gesäß des Flyers erreicht haben. Dann legt sie die Arme auf den Boden.

Koordination:
Beweglichkeit:
Kraft:

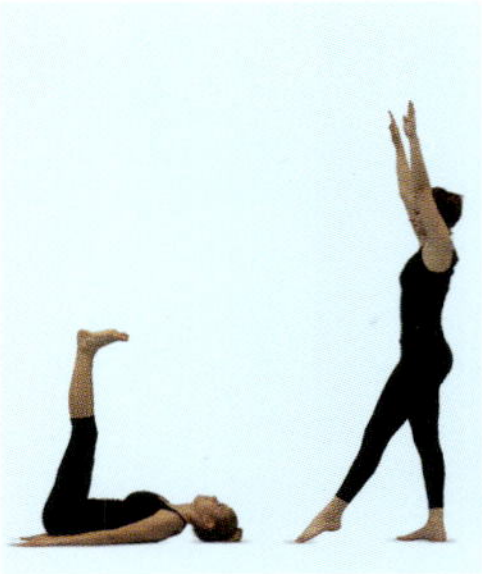
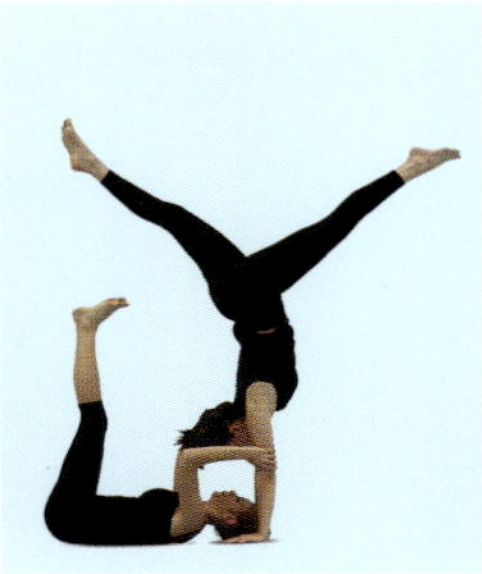
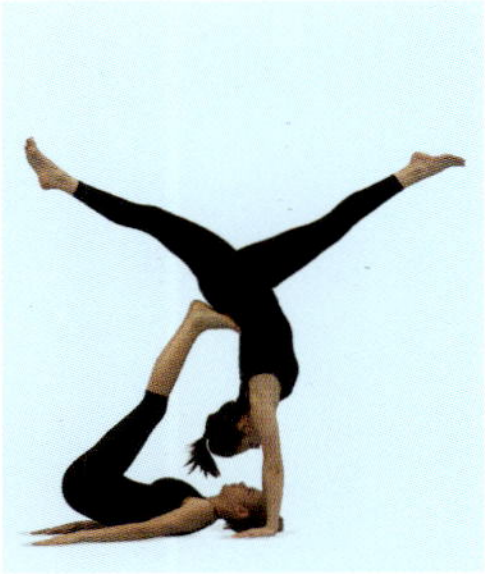

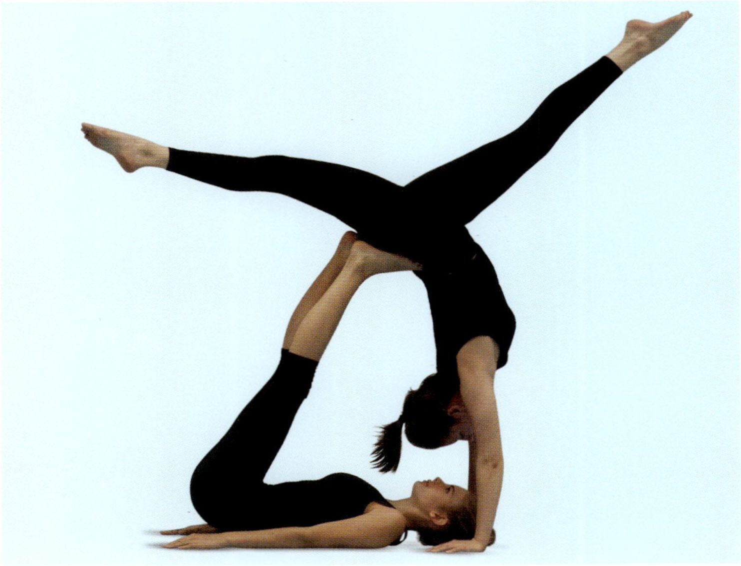

Wenn du jemanden besonder stilvoll in den (...) treten willst – there you go! ;-)

Acrobatics Partner Stunts

Wildente

- Die Base hebt die Beine an und positioniert sie am Flyer, Zehen auf Höhe des Bauchnabels und Fersen auf den Oberschenkeln.
- Der Flyer lehnt sich mit gestreckten Armen nach vorne wie ein Brett. Die Base drückt den Flyer hoch.
- Der Flyer fasst seine Fußgelenke und zieht den Oberkörper hoch.

Koordination:
Beweglichkeit:
Kraft:

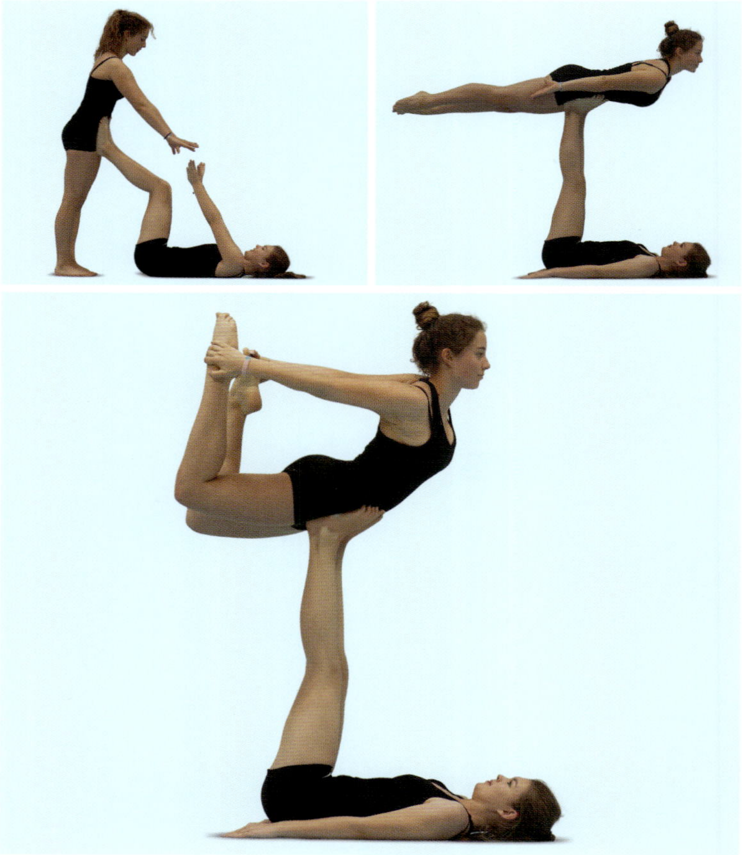

Einmal im Leben die Welt von oben anblicken? Das geht nicht nur im Flugzeug!

Flygirls

- Die Base drückt sich, ausgehend vom Vierfüßerstand, in eine dreieckige Position «Toblerone». Die Schultern werden durchgedrückt, sodass eine gerade Linie entsteht.
- Der Flyer positioniert die Hände neben jenen der Base und legt den Oberkörper auf den Rücken der Base. Der Flyer zieht die Füße möglichst nahe zum Kopf.

Koordination:
Beweglichkeit:
Kraft:

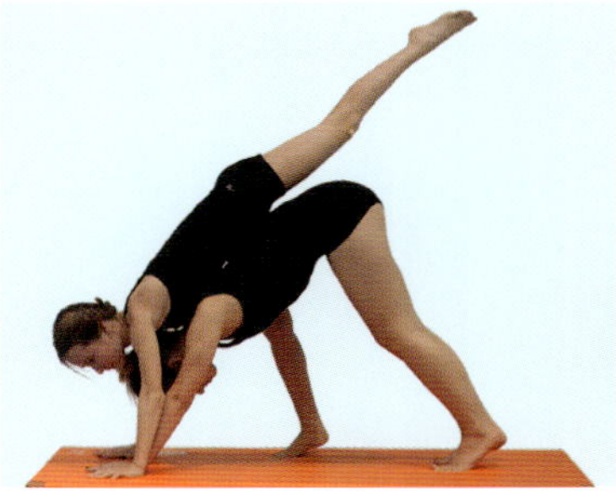

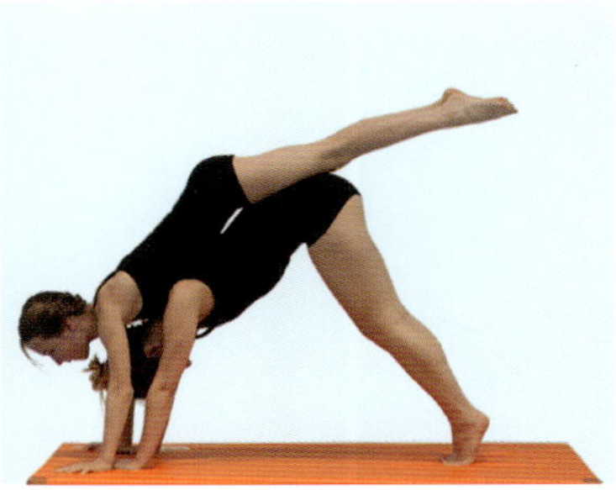

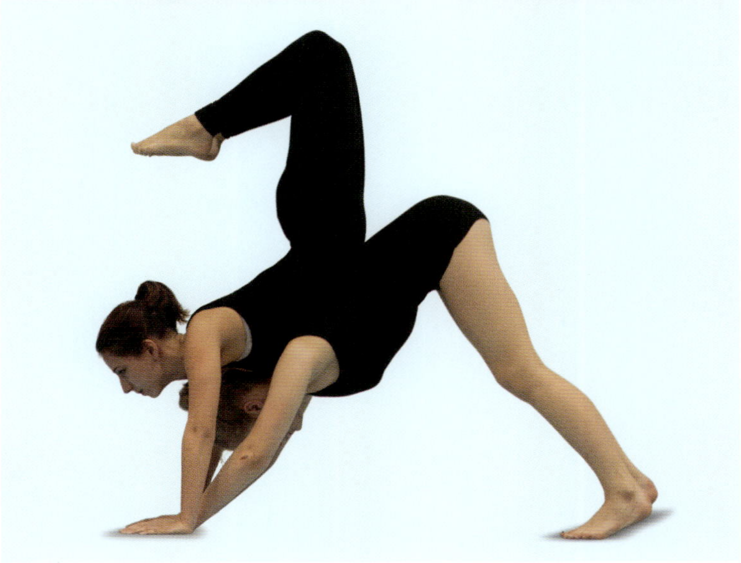

Flygirls haben mehr Spaß am Leben. Probier's aus!

Acrobatics Partner Stunts

Katapult

- Der Flyer lehnt sich nach hinten bis sein Rücken auf den Händen der Base aufliegt und fasst von außen die Füße der Base. Die Finger liegen auf der Fußsohle. Die Base hat gestreckte Beine.
- Der Flyer springt ab und zieht die geschlossenen Beine explosiv nach oben. Dann öffnet er die Beine und legt seine Oberschenkel auf die Füße der Base. Die Arme streckt er nach außen.

Koordination: ≡ ≡ ≡
Beweglichkeit: ≡
Kraft: ≡ ≡

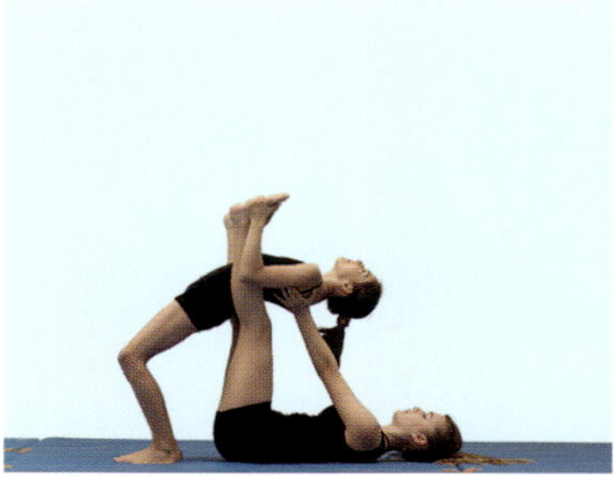

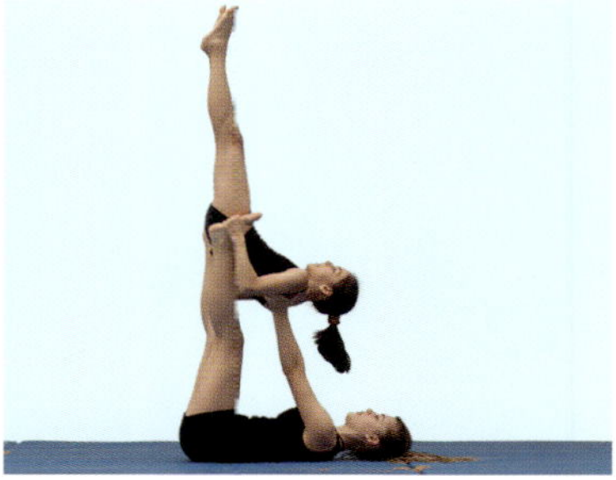

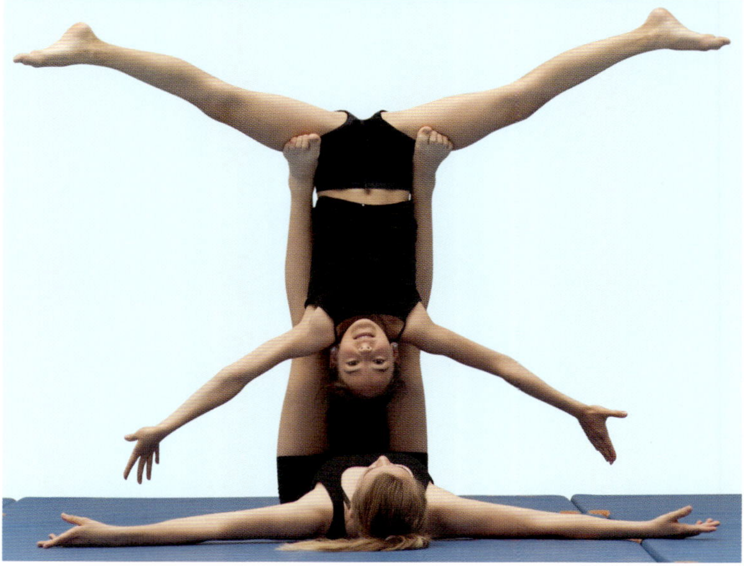

Da braucht es ein bisschen Mut. Aber es lohnt sich!

Teufelsbrücke

- Die Base steht auf den Knien, stützt sich mit einem Arm auf dem Fußgelenk ab und streckt den anderen Arm nach hinten.
- Der Flyer schwingt in den Handstand, die Hände setzen ca. 30 cm hinter den Füßen der Base auf. Die Base fasst den Fuß des Flyers und setzt diesen auf ihre Brust.
- Der Flyer biegt den Rücken durch und bringt die Beine in Position.

Koordination:
Beweglichkeit:
Kraft:

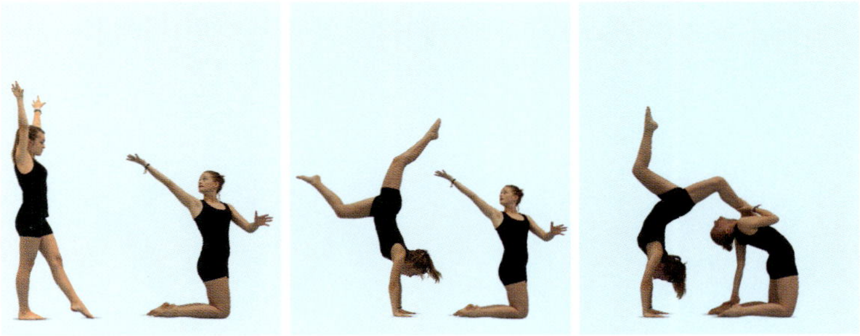

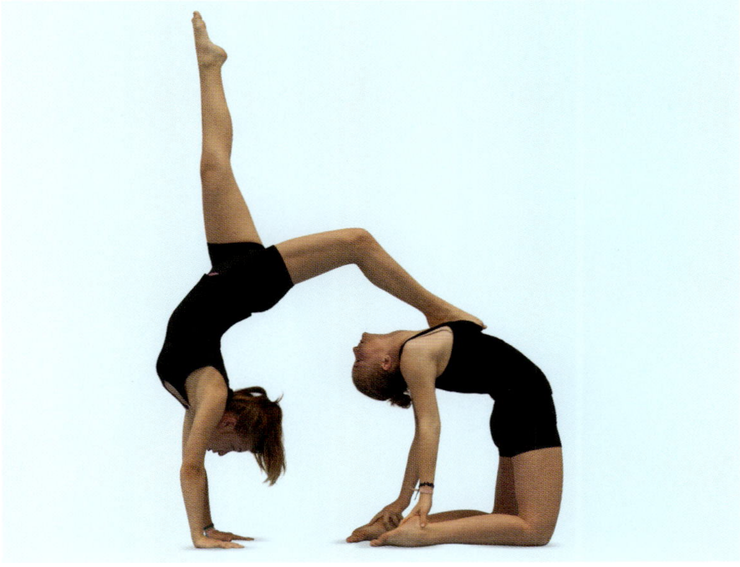

Hier geht's vor allem darum, eine schöne symmetrische Linie zu kreieren. Finde Deine eigene!

Acrobatics Partner Stunts

Toblerone & Cream

- Die Base drückt sich, ausgehend vom Vierfüßerstand, in eine dreieckige Position «Toblerone». Die Schultern werden durchgedrückt, sodass eine gerade Linie entsteht.
- Der Flyer schwingt in den Handstand, sodass seine Finger die Finger der Base berühren. Er stützt sich auf dem Gesäß der Base ab und kreiert mit seinem Körper den «Rahm».

Koordination: 2/3
Beweglichkeit: 3/3
Kraft: 2/3

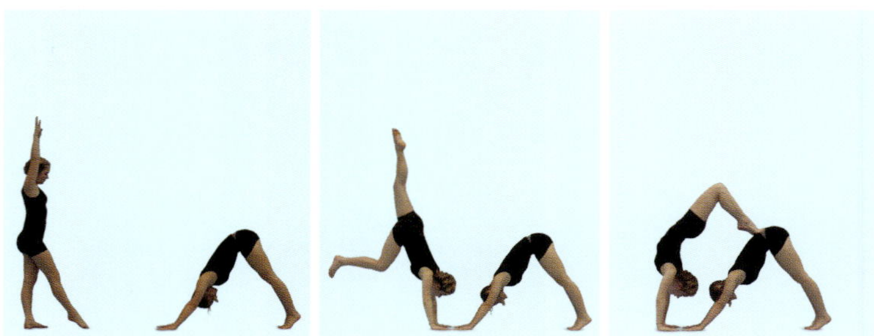

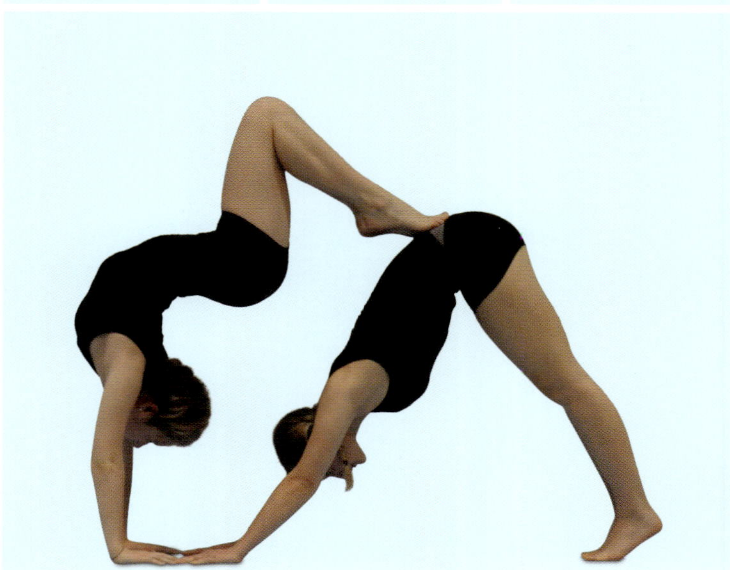

Nicht nur für Schokolade-Liebhaber ein Leckerbissen!

Zero

- Die Base sitzt mit angewinkeltem Bein am Boden. Eine Hand stützt am Boden, die andere ist in Hochhalte. Sie biegt sich leicht zurück.
- Der Flyer schwingt in den Handstand, die Hände setzen beim hinteren Fuß der Base auf. Die Base greift den Fuß des Flyers.
- Dann biegen beide ihren Rücken durch, um die «0» abzurunden.

Koordination:
Beweglichkeit:
Kraft:

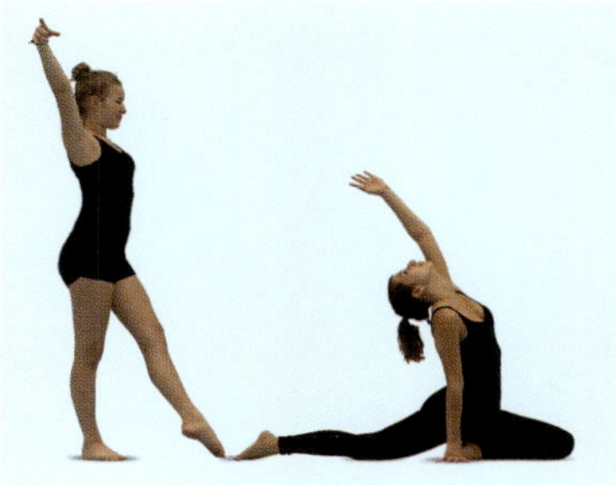

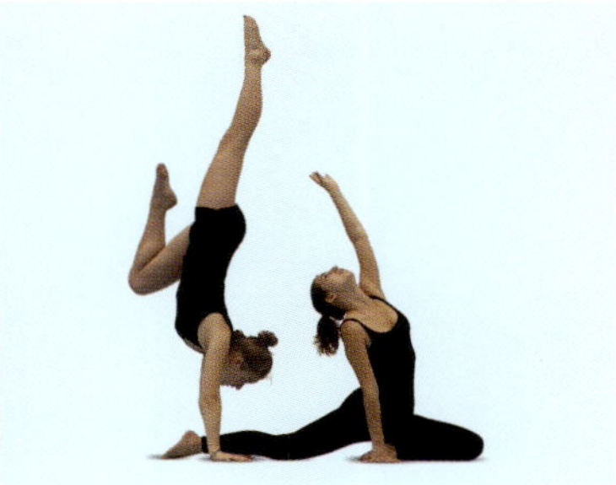

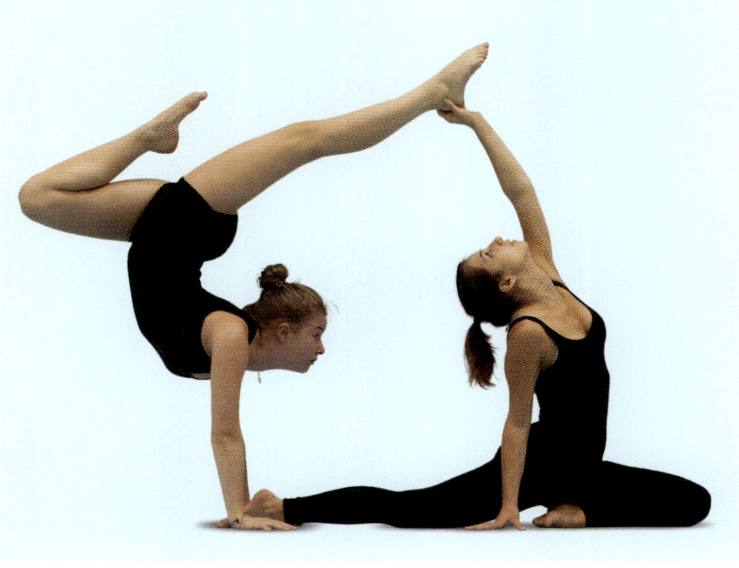

Nullen können wunderschön aussehen. Kreiere Deine eigene!

Chill Bill

- Die Base fasst das Fußgelenk des Flyers, der Flyer steckt den Kopf zwischen die Oberschenkel der Base und fasst diese oberhalb der Hüfte (Klammergriff).
- Nun lehnt die Base langsam nach hinten und zieht den Flyer mit sich. Der Flyer kann mit einem Hüpfer ganz leicht nachhelfen. Aber vorsicht, nur leicht, sonst fällt die Base auf den Rücken.

Koordination:
Beweglichkeit:
Kraft:

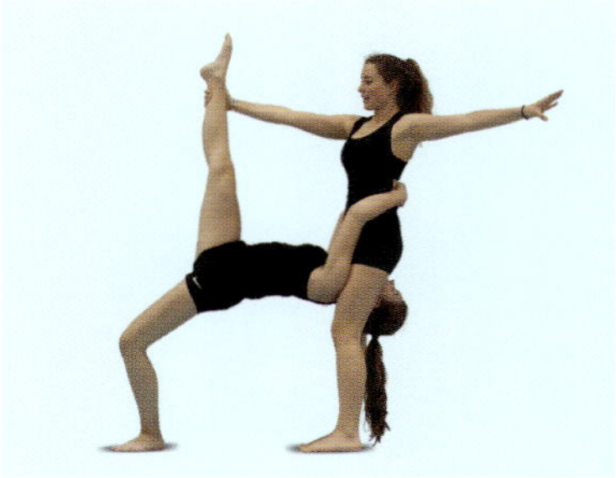

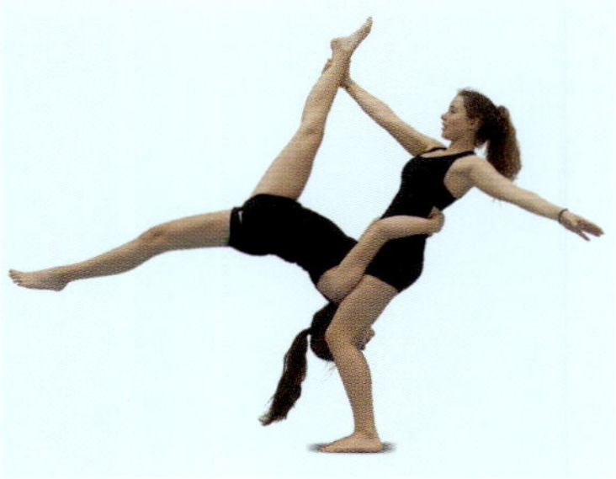

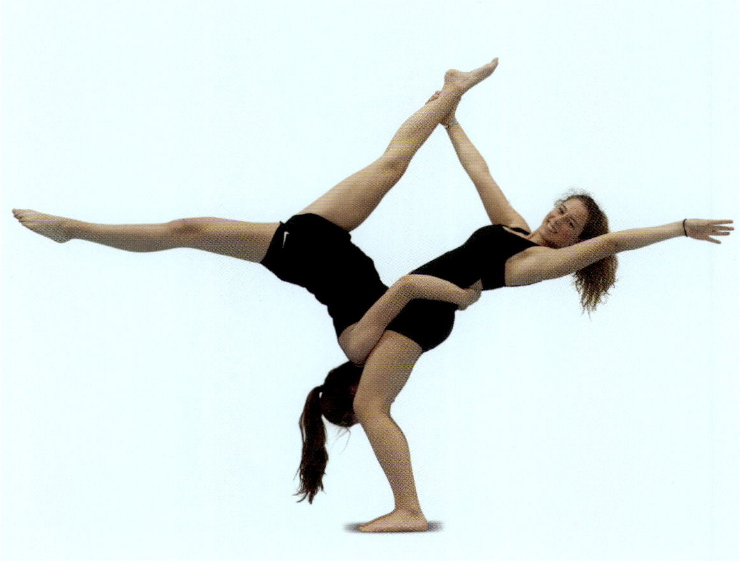

Mit einem Partner die Balance zu halten ist eine Herausforderung

Doppelbad

- Die Base ist in Brückenposition, der Flyer steht bei den Füßen der Base und fasst deren Hüfte von beiden Seiten.
- Nun schiebt sich der Flyer vorsichtig auf den Bauch der Base und sucht die Position, wo er im Gleichgewicht ist.
- Dann fasst der Flyer einen Fuß nach dem anderen, zieht sich hoch und nähert die Füße dem Kopf an.

Koordination:
Beweglichkeit:
Kraft:

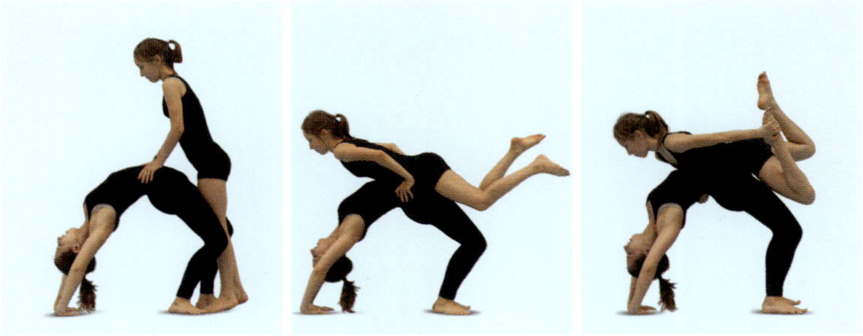

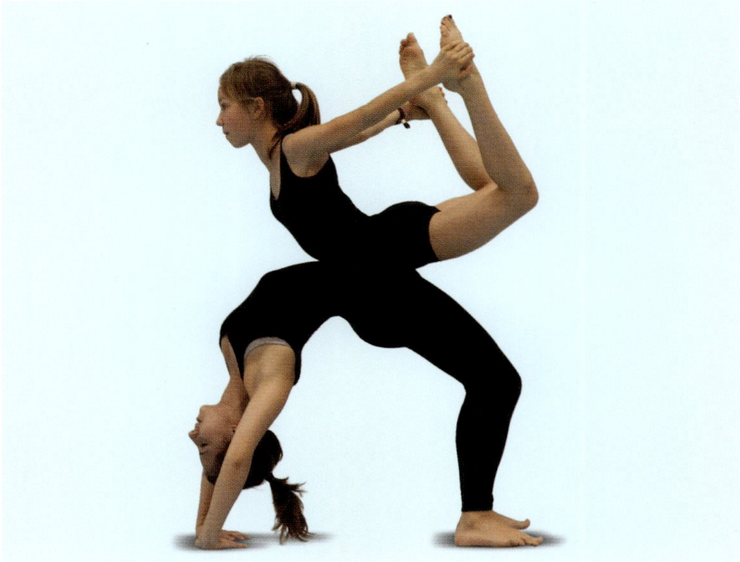

Das Doppelbad ist etwas wackelig, hat aber definitiv Style

Acrobatics Partner Stunts

Super 8

- Die Base kniet am Boden, einen Arm in der Hochhalte, und blickt nach hinten zum Flyer.
- Der Flyer schwingt in den Handstand. Je nach Beweglichkeit seines Rückens setzt er die Hände bei den Füßen der Base oder etwas weiter hinten auf (je beweglicher desto weiter weg).
- Dann kann die Figur individuell gestaltet werden (Bilder 2 u. 3).

Koordination:
Beweglichkeit:
Kraft:

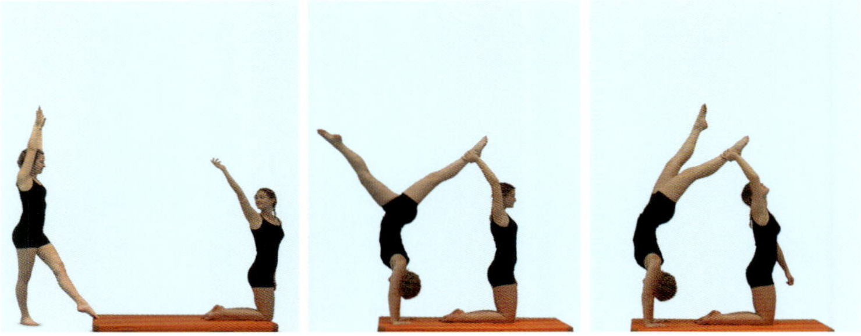

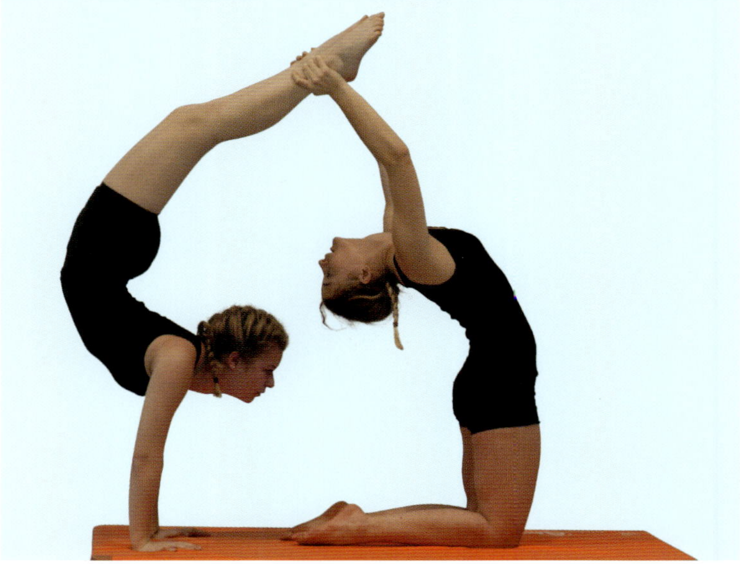

Hier geht's darum, eine möglichst symmetrische 8 zu kreieren

Seehund-Salat

- Zunächst legt sich die Base auf den Bauch, stützt sich mit beiden Armen auf und nähert die Füße dem Hinterkopf an.
- Dann stellt sich der Flyer vorsichtig über die Base, platziert seine Hände an den Innenseiten der Hände der Base und schwingt in den Handstand. Der Flyer lehnt an der Base und nähert die Füße dem Hinterkopf an.

Koordination:
Beweglichkeit:
Kraft:

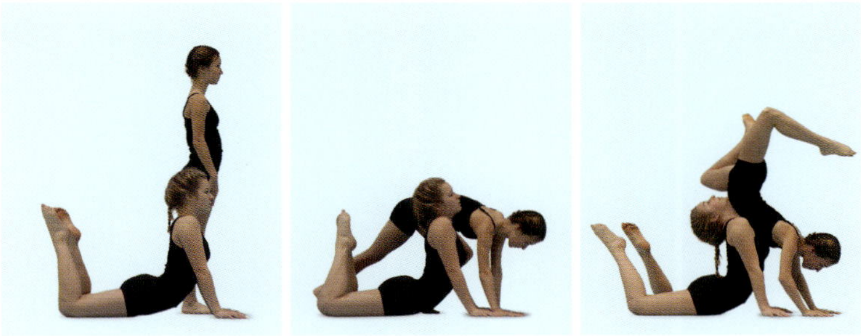

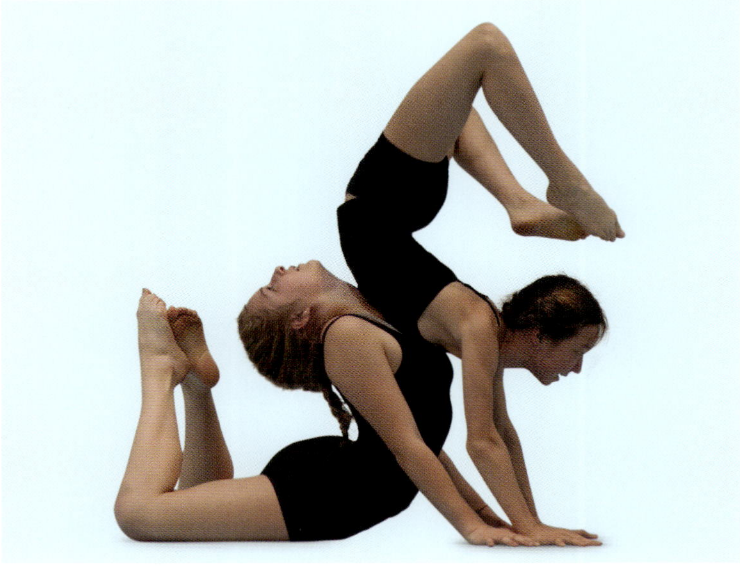

Seehunde im Salat sind sehr selten. Mach schnell ein Foto, wenn Du welche siehst!

Acrobatics Partner Stunts

Twin Shot

- Beide starten im Vierfüßerstand, die Köpfe weisen zueinander. Der Abstand zwischen den Händen ist ca. 30 cm.
- Dann Schwingen beide in den Yoga-Kopfstand auf (S. 22) und nähern zunächst die Füße aneinander an.
- Sobald die Position stabil ist, biegen beide synchron den Rücken durch, bis sich die Gesäße berühren.

Koordination: ≋ ≋ ≋
Beweglichkeit: ≋ ≋ ≋
Kraft: ≋ ≋

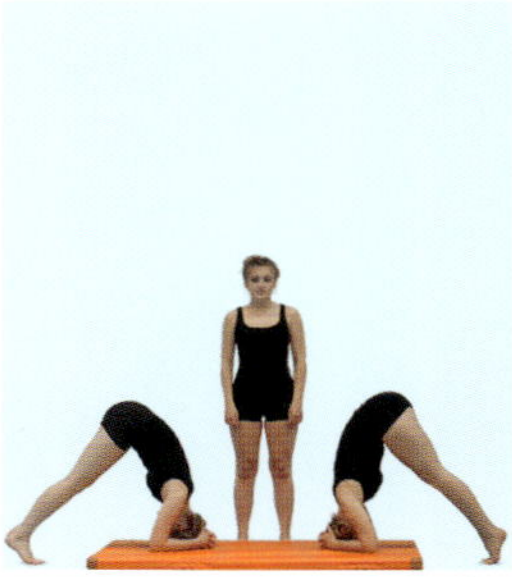
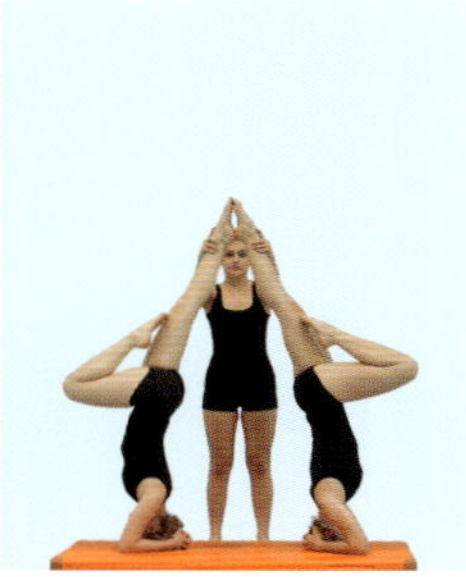
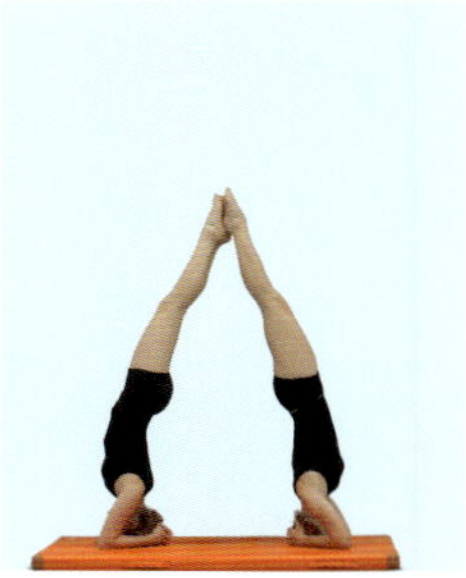
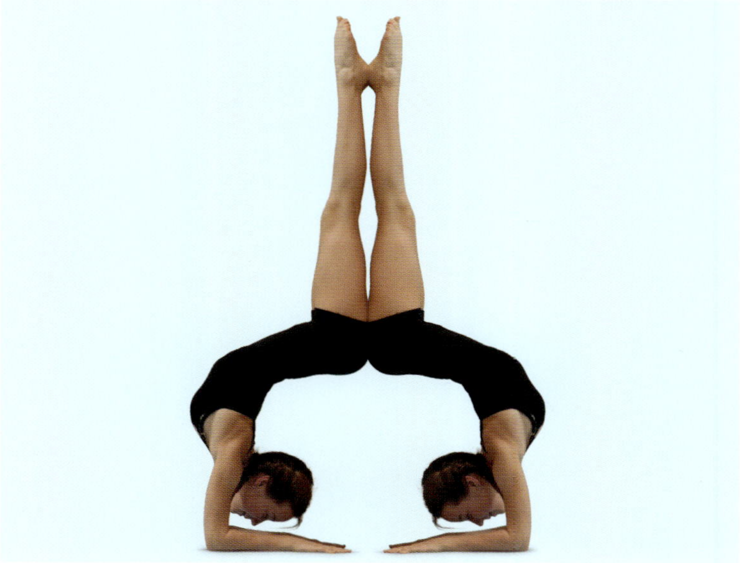

Der Twin Shot ist mit Hilfestellung einfach, alleine sehr schwierig zu turnen

Superwoman

- Der Flyer klettert auf die Sprossenwand, bis seine Hüfte leicht über Kopfhöhe der Base ist. Die Base steht nach vorne geneigt.
- Die Base greift den Flyer von beiden Seiten an der Hüfte.
- Der Flyer löst einen Arm nach dem anderen von der Sprossenwand, biegt sich zurück und fasst die Hüfte der Base. Dann bringt er die Beine in Position.

Koordination:
Beweglichkeit:
Kraft:

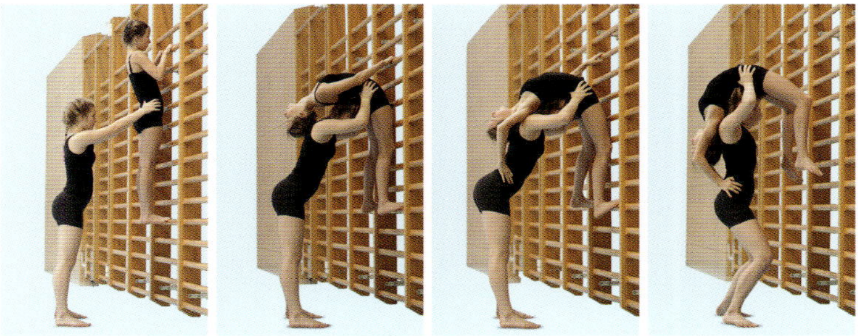

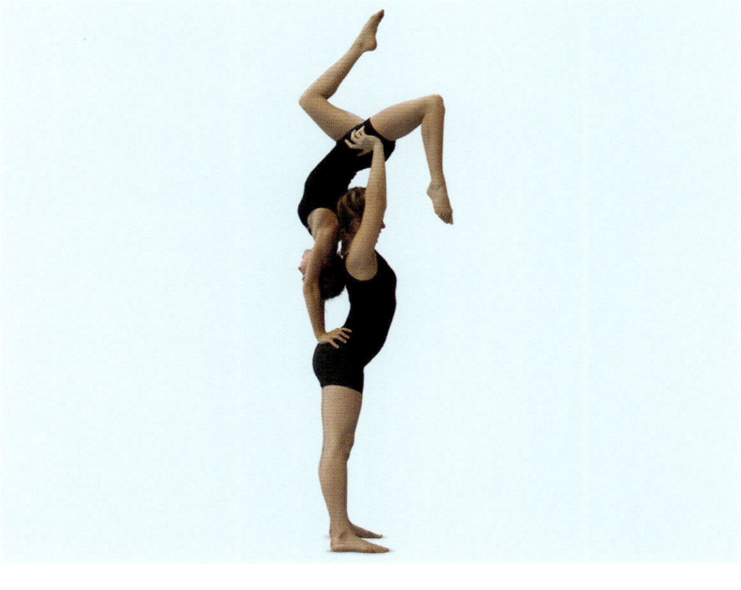

Superwoman lässt die Muskeln spielen und ihren Flyer schweben!

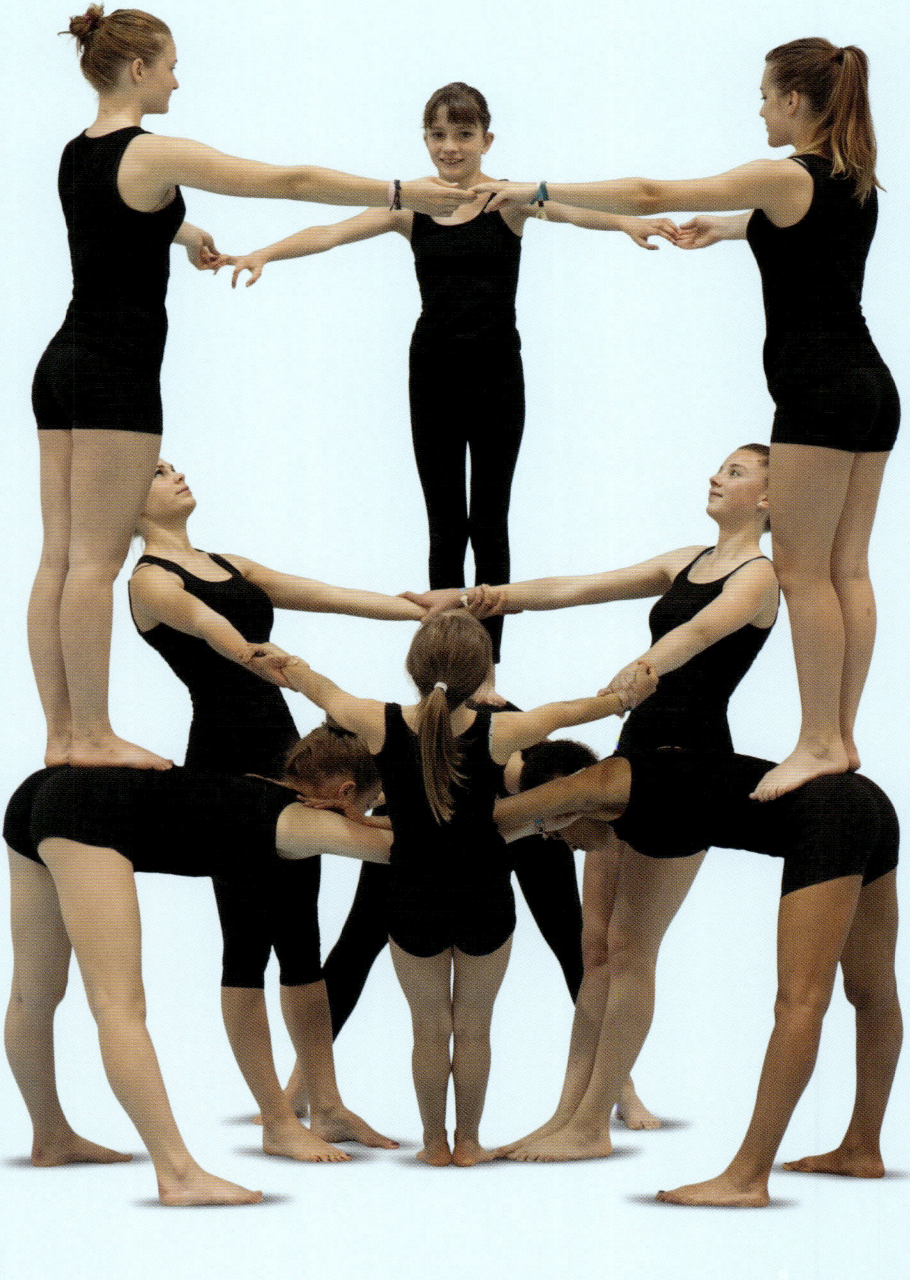

Flash Mobs

In größeren Gruppen lassen sich auf der Basis der gelernten Single und Partner Stunts ganz einfach sehr schöne Figuren kreieren. Dabei ist der Kreativität keine Grenzen gesetzt!

Acrobatics Flash Mobs

Feuerwerk

- Die Bases stehen Rücken an Rücken und haben ein Knie am Boden. Die Flyer legen je einen Fuß in eine Hand der jeweiligen Base. Dann verlagern sie das Gewicht auf das gehaltene Bein und lösen das andere vom Boden. Die Flyer drücken sich in den Handstand und kreieren eine symmetrische Position.
- Variante: Flyers mit dem Rücken zu den Bases (aufschwingen).

Koordination:
Beweglichkeit:
Kraft:

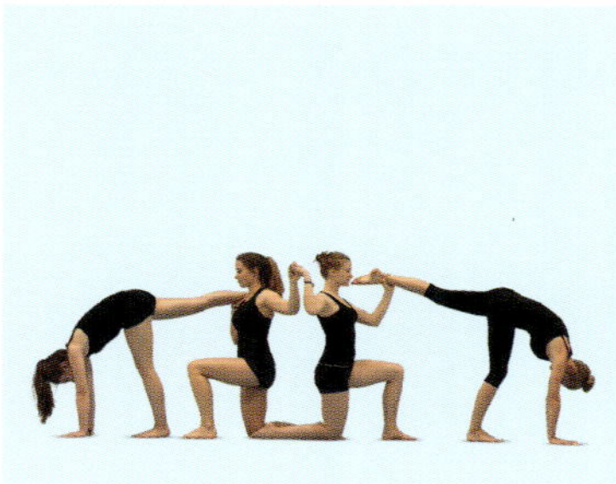

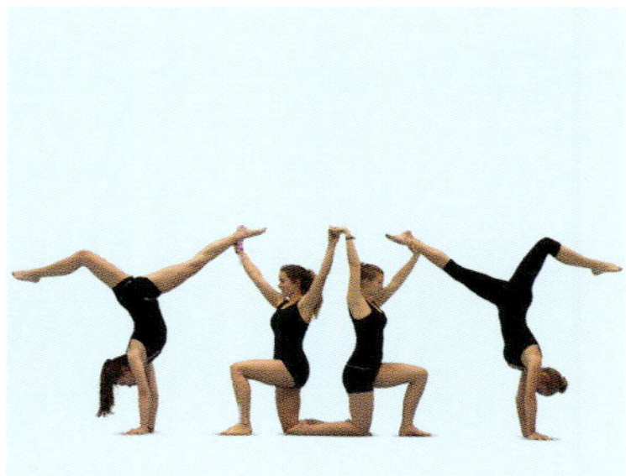

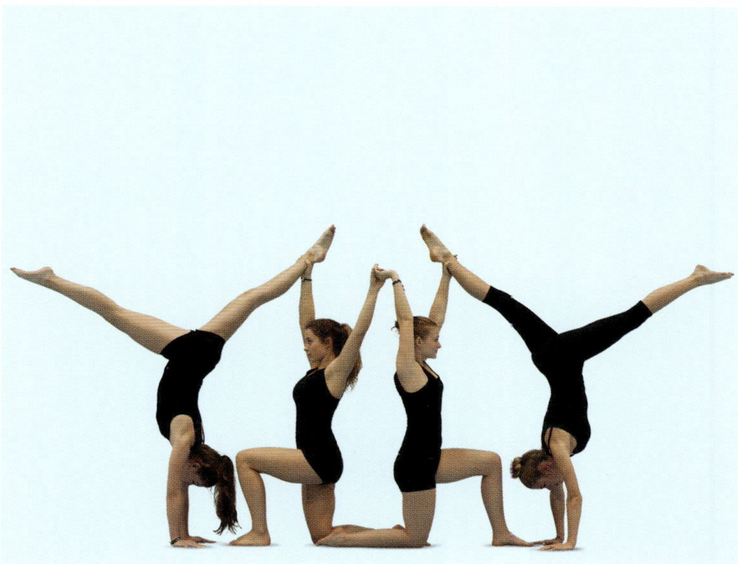

Das Feuerwerk ist einfach aber spektakulär. Gestaltet di Flammen nach euren Ideen!

Galaxy

- Die Bases stehen im Vierfüßerstand, ein Flyer steht mit je einem Fuß auf den Gesäßen der Bases.
- Die beiden anderen Flyers schwingen in den Handstand und legen je ein Bein in die Hand des mittleren Flyers.
- Nun kreieren alle gemeinsam eine schöne Position.

Koordination:
Beweglichkeit:
Kraft:

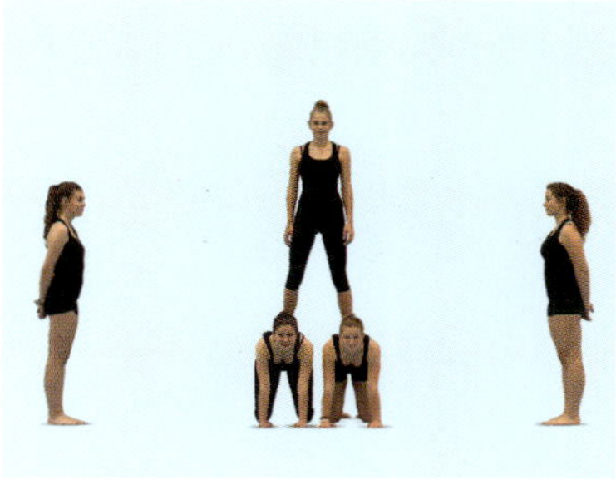

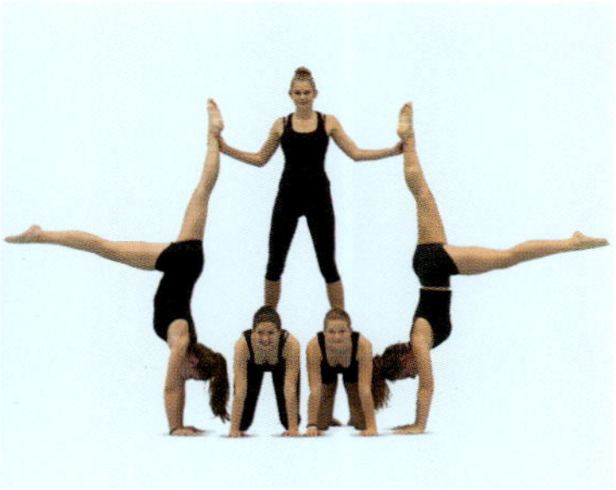

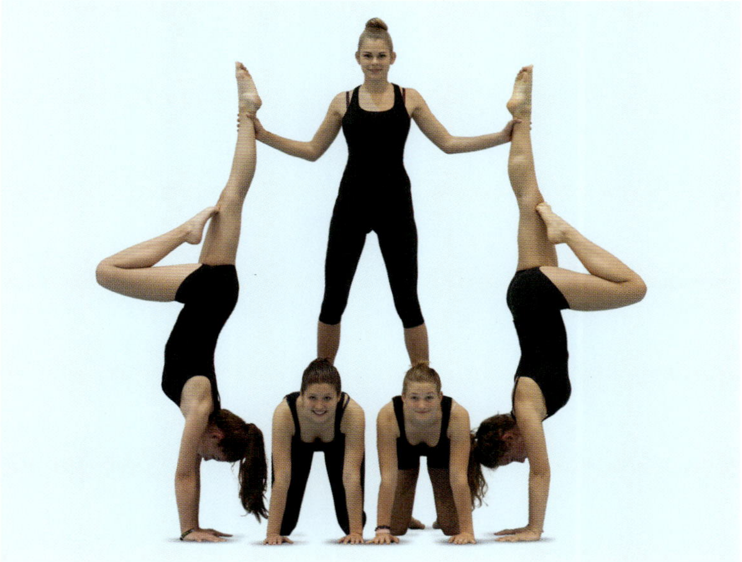

Ein komplexes Gebilde aus dem All bildete die Inspiration für diesen Stunt

Acrobatics Flash Mobs

Flying Heart

- Die Bases stehen im Vierfüßerstand. Die Flyer stützen sich auf den Bases ab und legen je ein Bein auf die Schultern der 2 Außenbases.
- Die Flyer schwingen mit dem zweiten Bein Richtung Decke, haken die Füße beieinander ein und schauen sich gegenseitig an.

Koordination:
Beweglichkeit:
Kraft:

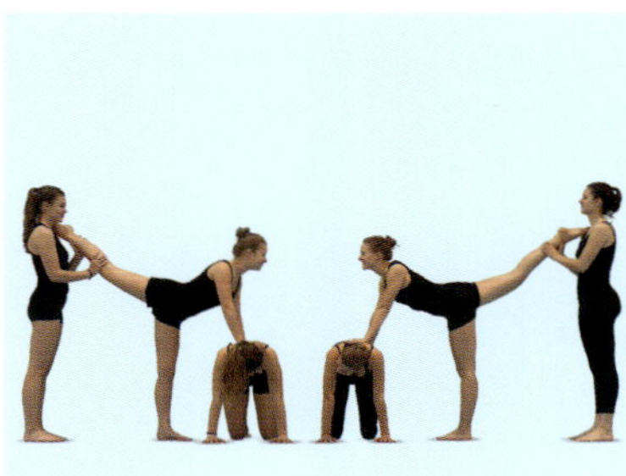

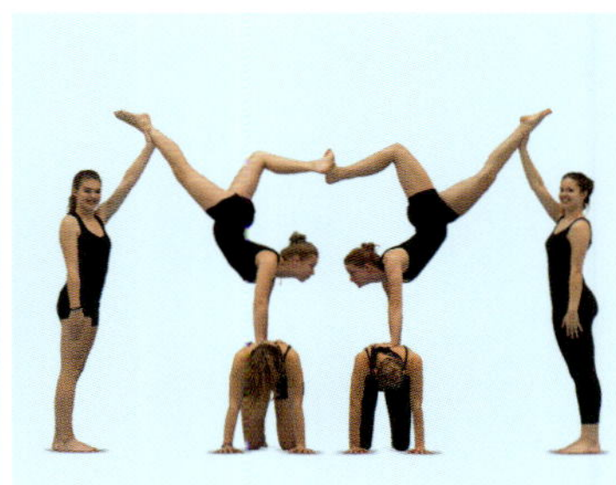

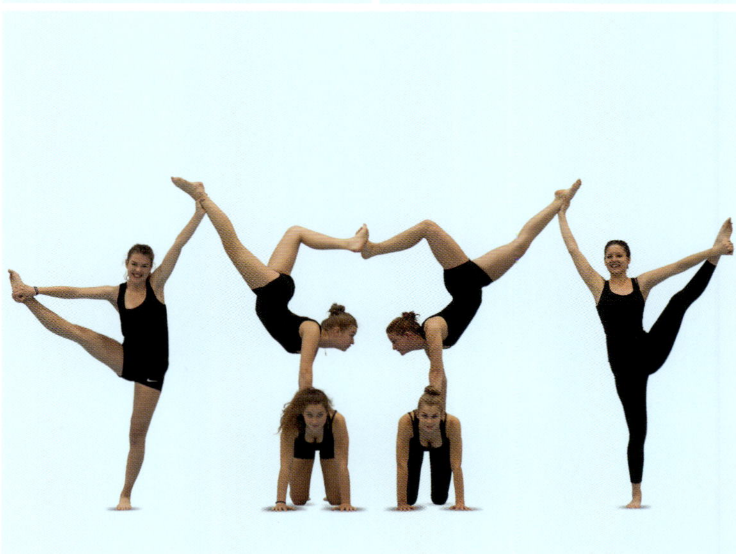

Verliebte haben mehr Spaß im Leben!

Matterhorn

- Drei Bases stehen im Vierfüßerstand am Boden. Zwei Flyer stellen sich im Vierfüßerstand auf die Bases.
- Der dritte Flyer klettert an der Pyramide hoch, indem er auf das Gesäß der mittleren Base und dann über den Kniestand direkt auf die Schulterblätter der ersten 2 Flyer steigt.

Koordination:
Beweglichkeit:
Kraft:

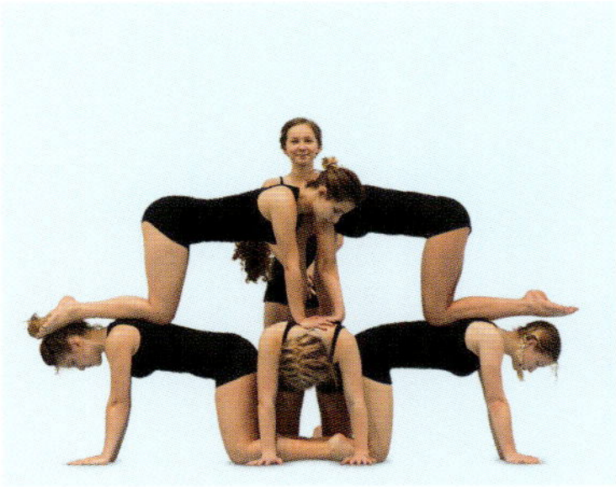

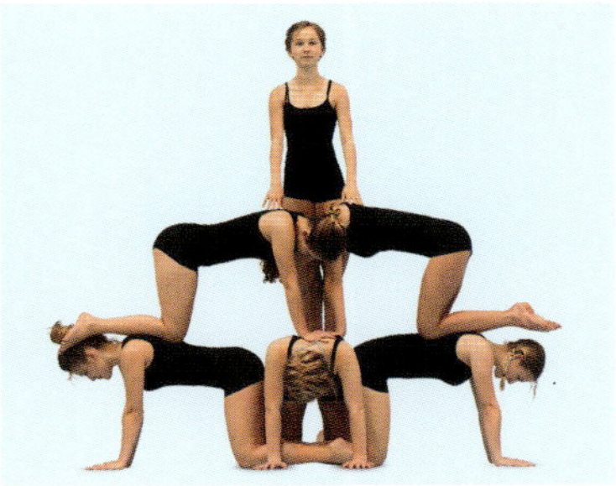

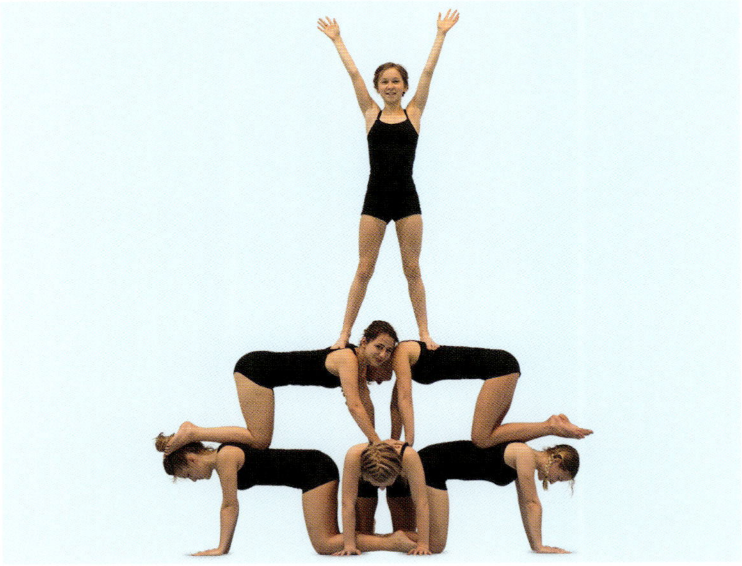

Um hoch hinaus zu kommen, braucht es eine solide Basis

Acrobatics Flash Mobs

Stardust

- Die Bases stehen im Vierfüßerstand, Ein Flyer steht zwischen den Schulterblättern der Bases.
- Die beiden anderen Flyer steigen auf die Gesäße der Bases, halten je ein Bein des Mittelflyers und heben je ein Bein zur Standwaage. Der Mittelflyer streckt die Arme in die Höhe.

Koordination:
Beweglichkeit:
Kraft:

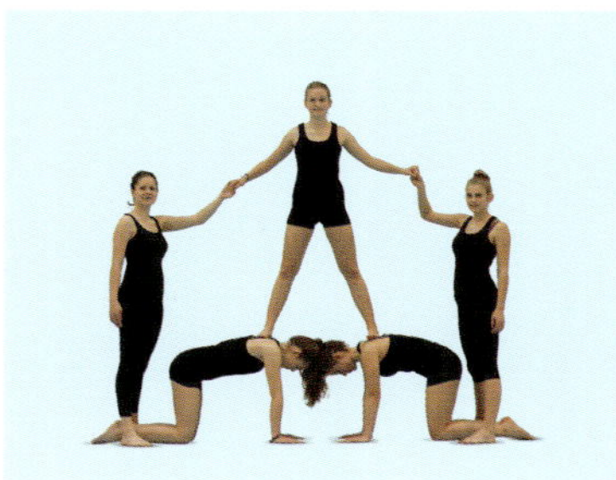

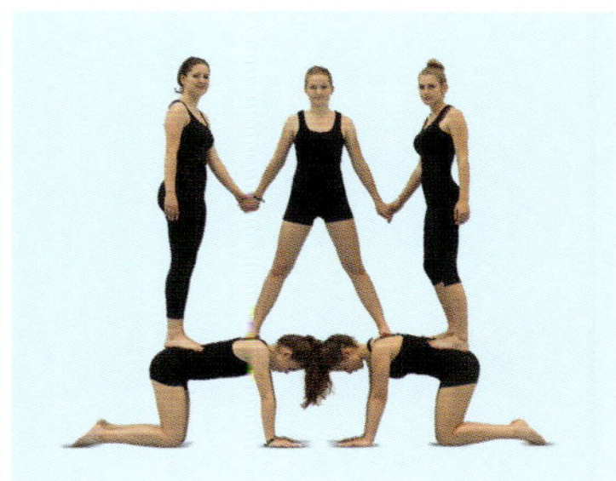

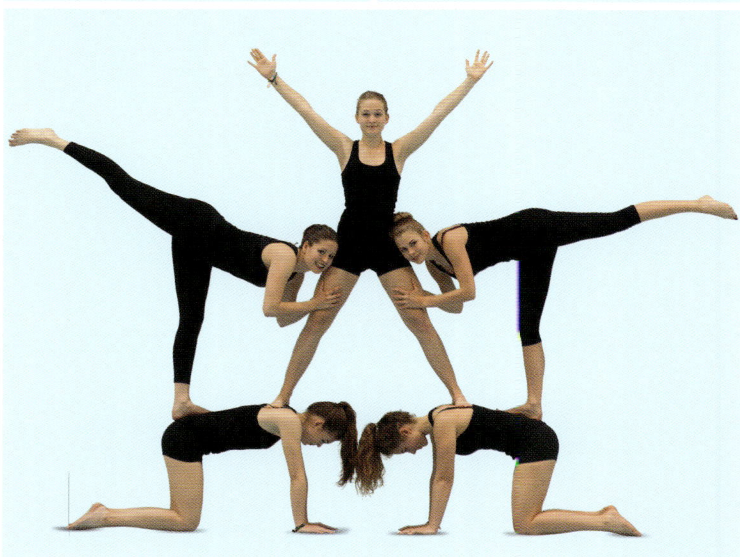

Außen am Raumschiff glitzert der Sternenstaub. Fühle ihn auf Deinen Fingerspitzen!

FA-18

- Zwei Bases stehen mit gegrätschten Beinen in der Mitte, zwei Flyer im Vierfüßerstand außen und legen je ein Fuß in die Hände der Mittelbases.
- Die Außenflyer drücken sich hoch und kreieren eine schöne Pose, der Mittelflyer steigt von hinten auf die Oberschenkel der Bases und streckt die Arme in die Höhe.

Koordination:
Beweglichkeit:
Kraft:

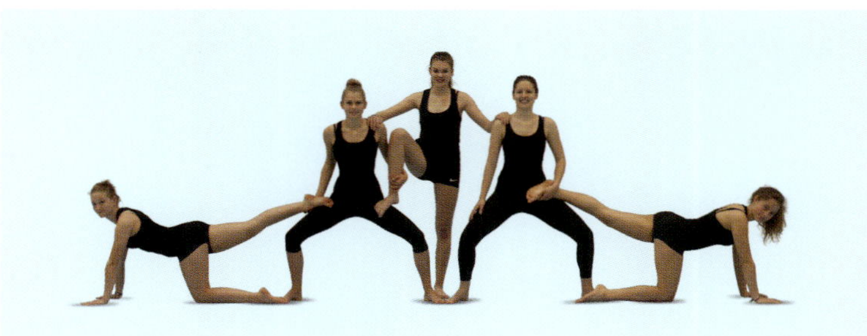

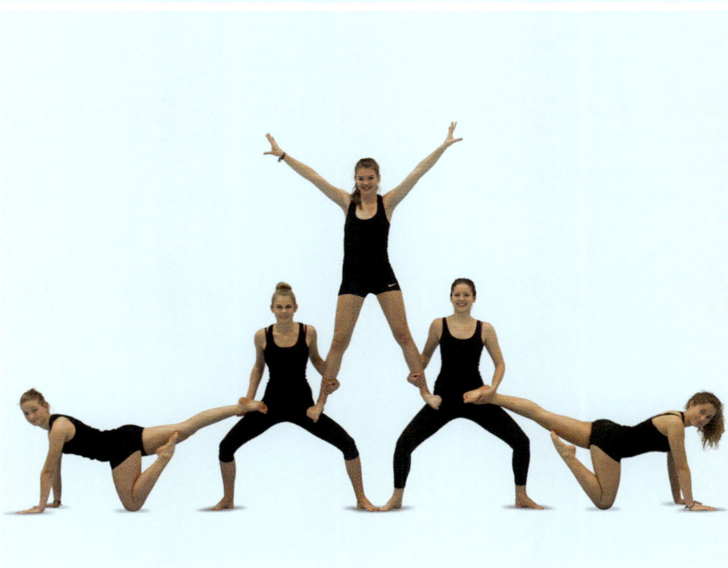

Auch in unserer Atmosphäre gibt es schnelle Flugobjekte zu beobachten

Acrobatics Flash Mobs

Love salad

- Diese Figur basiert auf 2x dem Partner Stunt «Flygirls» (S. 63). Die Innenflyer legen die Füße aneinander und biegen den Rücken durch.
- Die zwei Außenflyer schwingen in den Handstand und stützen je einen Fuß auf dem Gesäß der Bases ab. Auch sie kreieren eine symmetrische Beinpose.

Koordination:
Beweglichkeit:
Kraft:

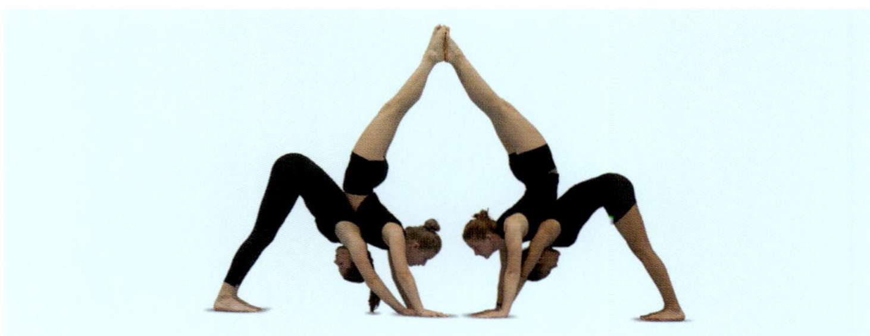

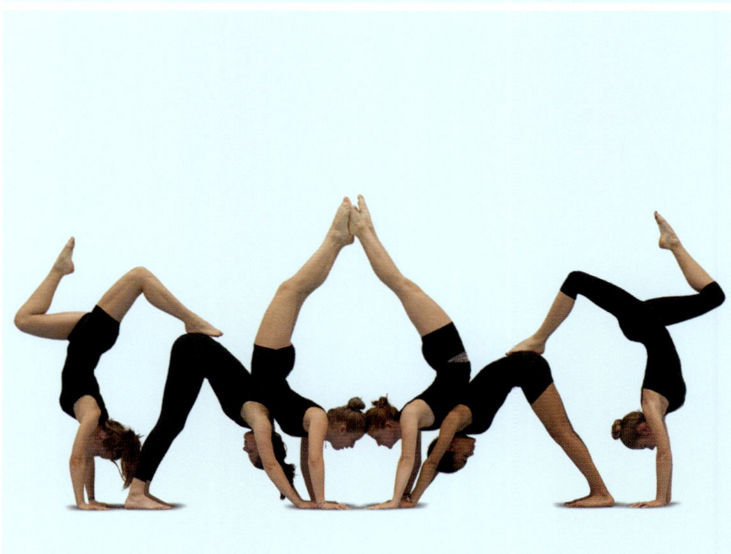

Liebe kann manchmal ein Chaos sein. Oder auch ein Salat. Wie sieht deiner aus?

Acrobatics Flash Mobs

Bug Pile

- Diese Figur basiert auf 2x dem Partner Stunt «Liegestuhl» (S. 57). In der Mitte positioniert sich eine weitere Base im Vierfüßerstand.
- Der Mittelflyer macht das «Einhorn» (S. 58) an der mittleren Base und grätscht die Beine.
- Die beiden Seitenflyer halten sich an beiden Händen.

Koordination:
Beweglichkeit:
Kraft:

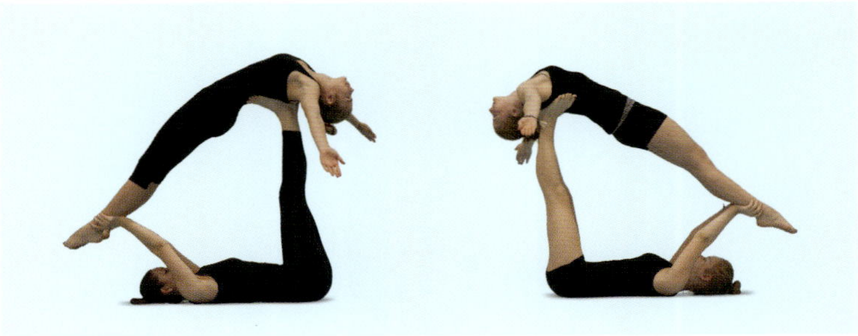

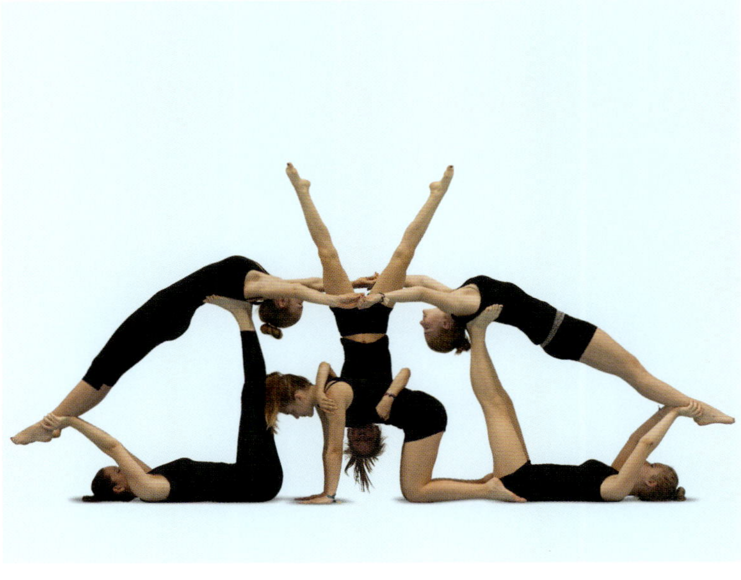

Im Frühling machen die Käferweibchen hohe Pyramiden – nur um sich selbst zu feiern!

Acrobatics Flash Mobs

Delta Wing

- 5 Bases arrangieren sich gemäß Bild 1, der Mittelflyer stellt sich aufs Gesäß der mittleren Base.
- Die beiden Außenflyer legen je ein Bein in die Hände der Außenbases und die Hände auf die Schultern der inneren Bases. Von dort drücken sie sich hoch in die Plank.
- Nun steigt der Mittelflyer auf die Schultern der Bases.

Koordination:
Beweglichkeit:
Kraft:

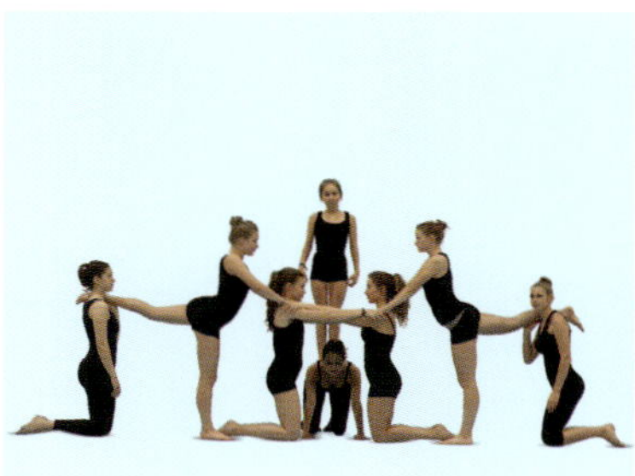

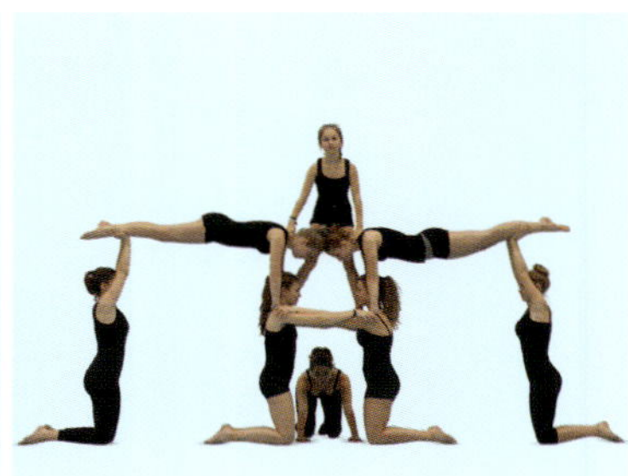

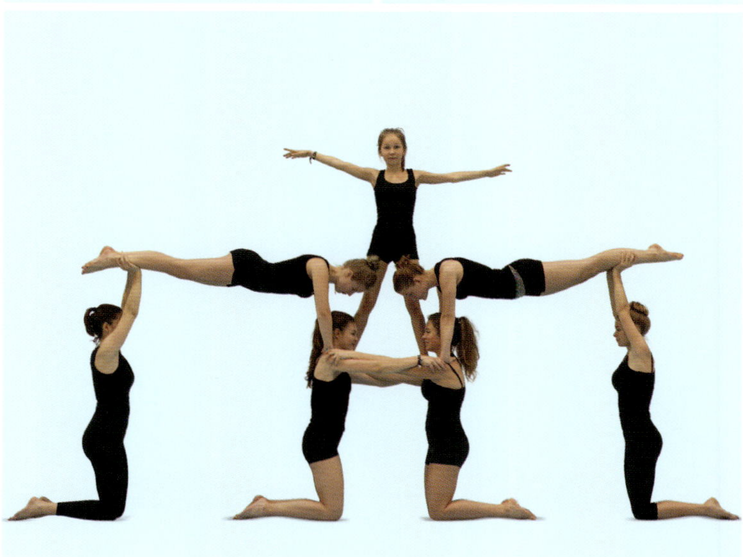

Möge die Macht mit Dir sein!

Kratzbürste

- Diese Figur basiert auf 2x dem Partner Stunt «Crazy Dice» (S. 55).
- In einem zweiten Schritt strecken die Flyer ein Bein in die Höhe und legen den Kopf in den Nacken.
- Nun steigt der dritte Flyer auf die Nacken der Handstand-Flyer und hält je ein Bein der beiden Seiten-Flyer.

Koordination:
Beweglichkeit:
Kraft:

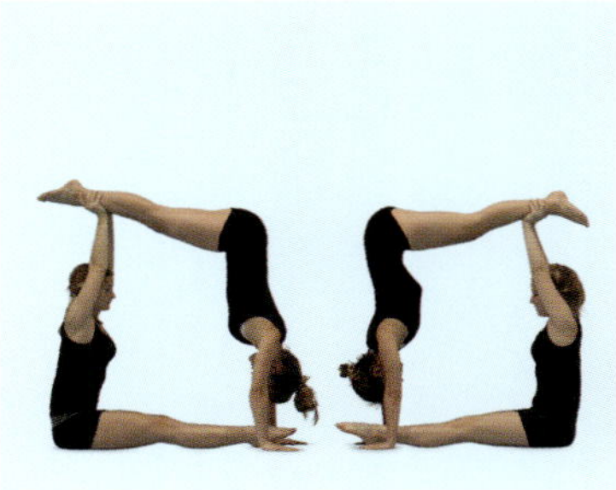

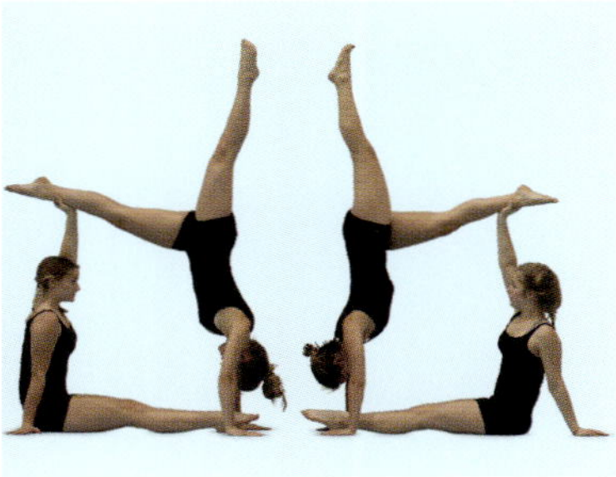

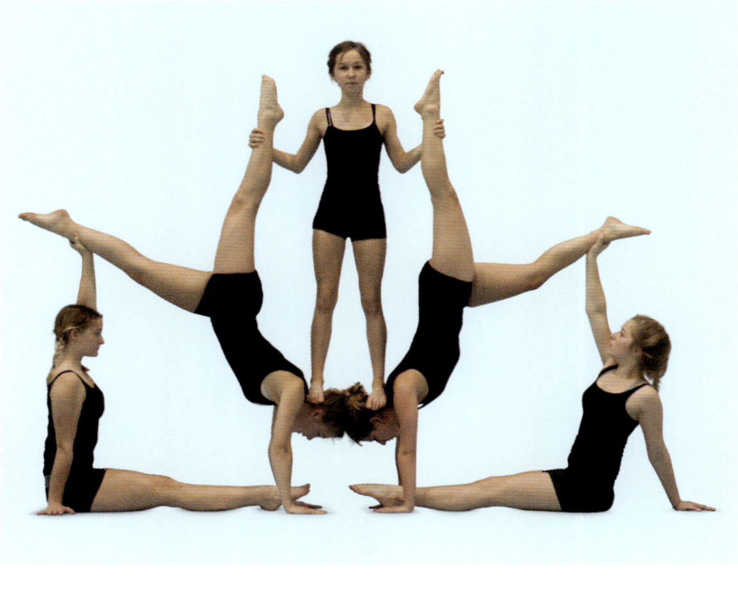

Achtung, die Kratzbürsten sind los!

Acrobatics Flash Mobs

Tetris

- Diese Figur basiert auf 2 x dem Partner Stunt «Queen & King» (S. 56). Die Mittelflyer lehnen mit den Rücken gegeneinander.
- Zwei weitere Flyers positionieren sich an beiden Außenseiten und reichen den Mittelflyern je 1 Fuß.
- Beide drücken sich zunächst in den Winkel-Handstand und strecken dann ein Bein in die Höhe.

Koordination: ≡ ≡ ≡
Beweglichkeit: ≡
Kraft: ≡ ≡

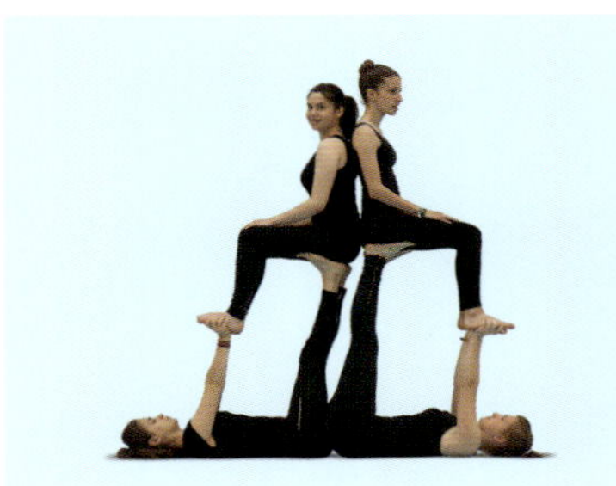

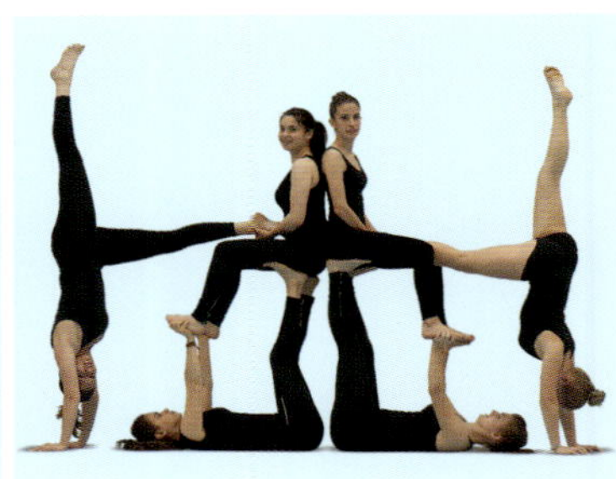

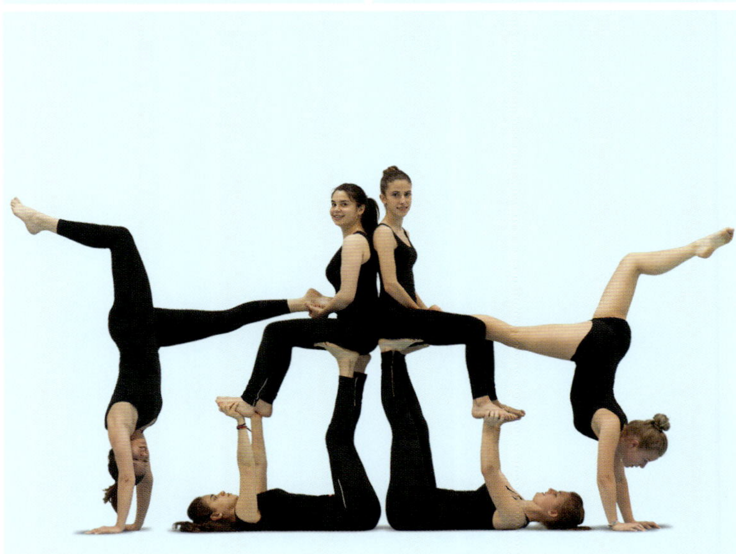

Das Kultgame aus den 80ern hat auch eine eigene Akro-Figur

Acrobatics Flash Mobs

Kolosseum

- Drei Bases stellen sich mit gegrätschten Beinen im Dreieck auf und legen sich gegenseitig die gestreckten Arme auf die Schultern.
- Drei Flyer steigen mit Hilfe von «Böcken» (siehe Bild) auf die Gesäße der Bases auf und fassen sich an den Händen. Dann stehen die Böcke auf, fassen sich an den Händen und lehnen sich zurück.

Koordination:
Beweglichkeit:
Kraft:

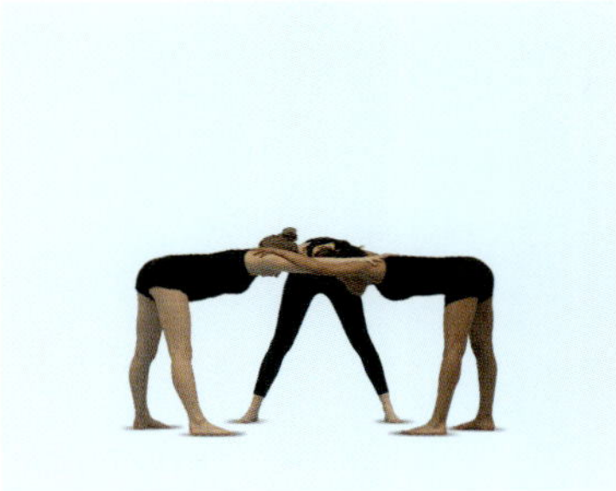

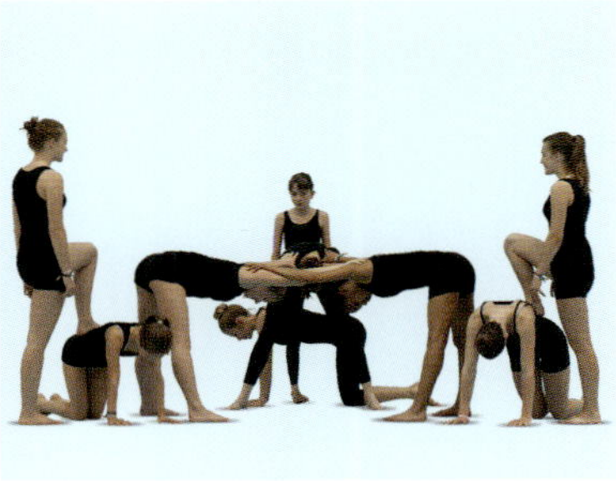

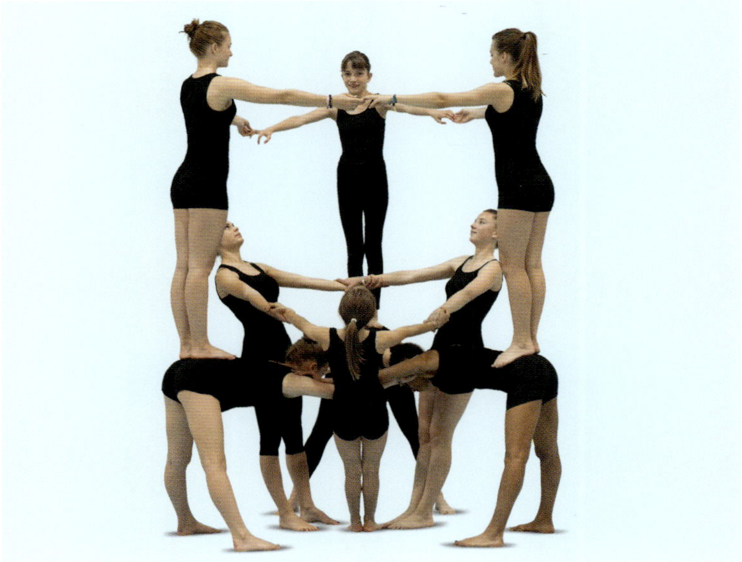

Als krönenden Abschluss dieses Kapitels bauen wir das Kolosseum nach

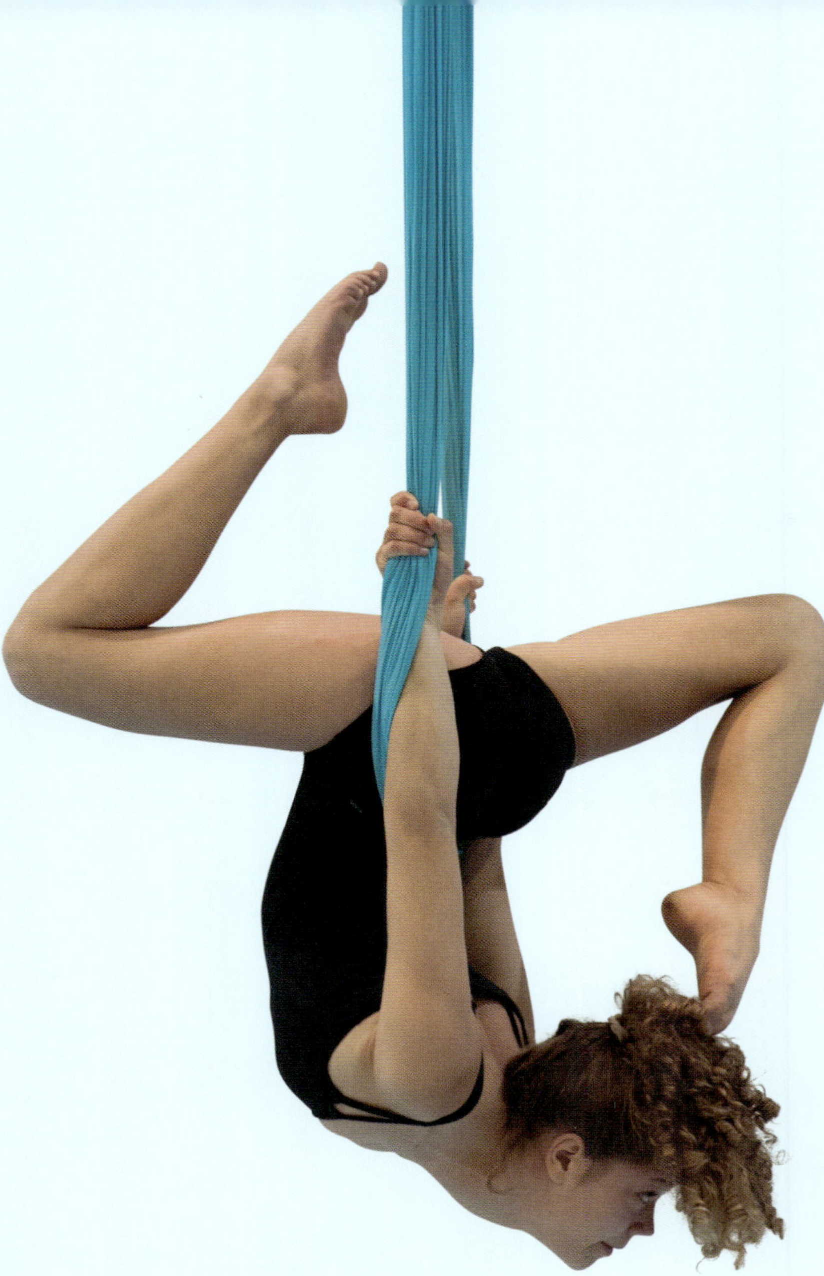

U-Fly Single

Einfach mal so herumhängen, aber trotzdem super cool aussehen? Das gelingt mit dem U-Fly. Zunächst lernen wir auch hier ein paar Single Stunts. Auf geht's!

Acrobatics U-Fly Single

Was ist ein U-Fly?

Das U-Fly ist ein weiches, stabiles, querelastisches Polyestertuch, das an beiden Enden aufgehängt wird. Im Zirkusbedarf oder im Burner-shop gibt es geprüfte U-Fly-Sets. Natürlich kann man die Konstruktion auch selber basteln, hierbei ist unbedingt auf die Traglast aller Komponenten zu achten:

- Tuch (ca. 4 x 4 m)
- 2 Sicherheits- oder Expresskarabiner
- 2 Schlingen
- 2 Daisy Chains

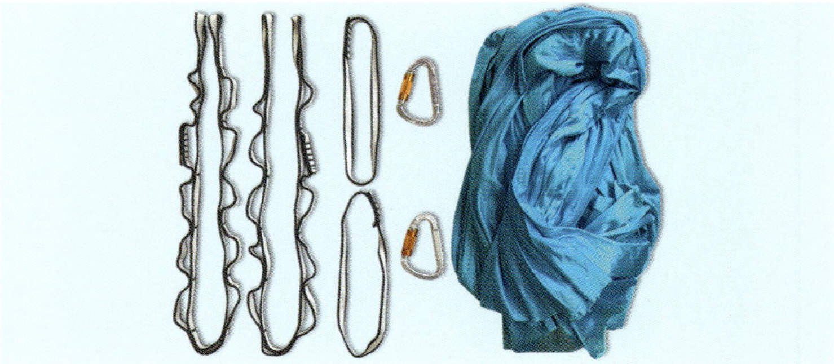

Übersicht: Die Komponenten eines U-Flys

Vorsicht

- Stürze vom U-Fly können gefährlich sein. Die Lehrperson achtet auf korrekte Montage des U-Fly sowie Sicherung des Sturzraums.
- Am U-Fly dürfen keine Schuhe getragen werden, um das Tuch vor mechanischer Abnutzung und Rissen zu schützen. Am besten wird barfuß, in Socken, Turnschläppchen oder RSG-Kappen geturnt.

U-Fly montieren (Abb. S. 91 oben)

1. Tuch auf der einen Seite wie eine Handorgel falten.
2. Das gefältelte Tuchende zu einer Schlaufe formen.
3. Eine der Schlingen um diese Schlaufe formen.
4. Ein Ende der Schlinge durch das andere fädeln und festziehen.
5. Das freie Ende der Schlinge durch die Tuchschlaufe fädeln …
6. … und gut festzurren.
7. Den Sicherheitskarabiner ins freie Ende der Schlingen einhängen.

Im Anschluss wird auf der anderen Seite des Tuches ebenso verfahren. Danach kann man die Daisy Chains durch die Decken-Aufhängungen ziehen und die beiden Enden im Sicherheitskarabiner einhängen.

Die Montage eines U-Flys in 7 Schritten.

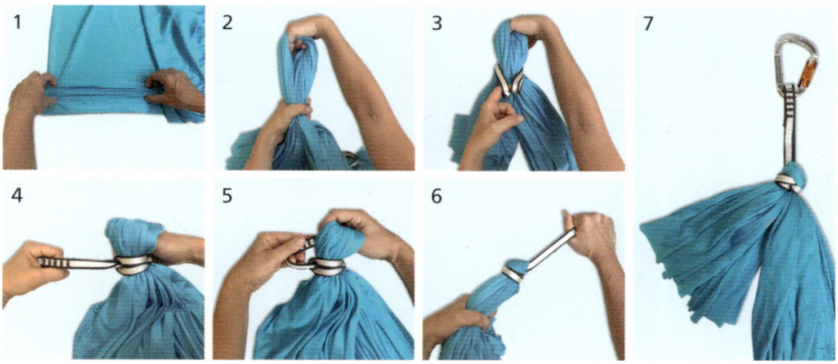

Höhe verstellen

- Bei Montage an den Schaukelringen kann die Höhe über die Mechanik der Ringe eingestellt werden.
- Mittels Daisy Chains lässt sich die Höhe des Tuchs verstellen, wenn das U-Fly an einem nicht verstellbaren Element montiert wird.

Achterknoten für Ringseile

Bei mechanischen Ringen hat es oft auf der gewünschten Höhe keine Kette mehr. In diesem Fall wird das Seil auf der gewünschten Höhe mit einem Achterknoten fixiert:

1. Es wird eine einfache Schlaufe gelegt und über den Dorn gestülpt.
2. Die Schlaufe wird festgezogen.
3. Dann wird eine weitere Schlaufe gelegt und gemäß Bild 3 über die erste gelegt.
4. Auch diese Schlaufe wird gut festgezogen.

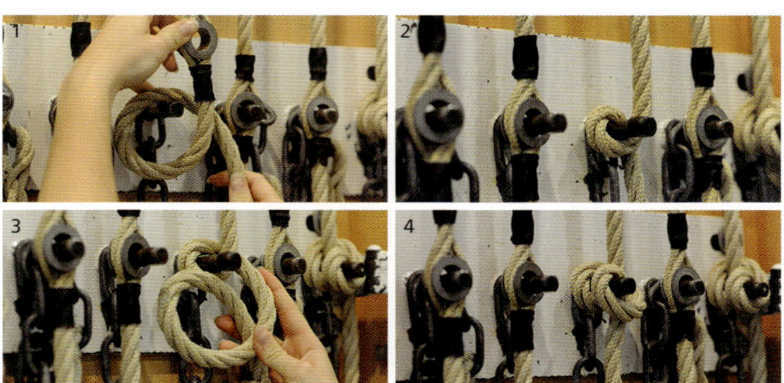

Special für Old-School-Ringe: Höhenregulation mit Achterknoten

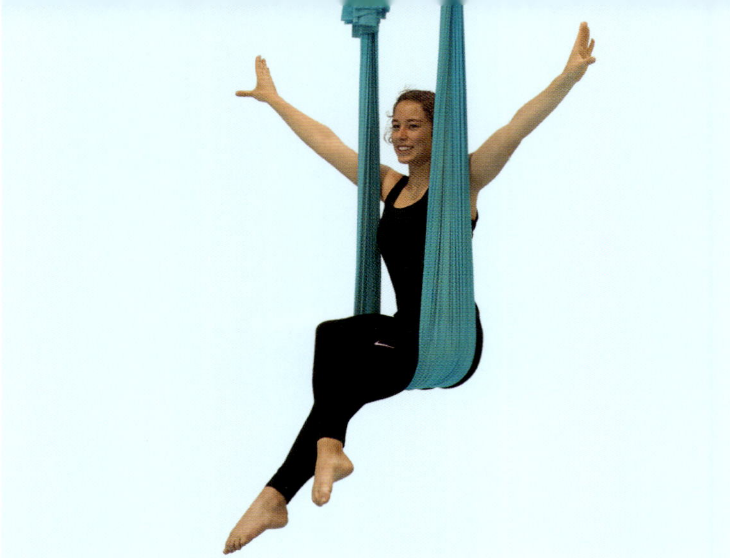

Einmal Königin sein und den Luftraum der Turnhalle beherrschen!

Acrobatics U-Fly Single

Sonnenkönigin

Damit die ersten Schritte am Tuch für alle zum Erfolgserlebnis werden, startet man zunächst mit einer einfachen Übung am hüfthohen Tuch. Dieses lässt sich einfach erklimmen (Anleitung siehe S. 93). Ist dies geschafft, kann man schon die erste Figur gestalten. Natürlich kann man die Sonnenkönigin auch am hohen Tuch turnen (Aufgänge siehe S. 93).

- Zunächst setzt man sich ins Tuch und verteilt dieses gut über das Gesäß.
- Dann kreiert man eine coole Pose, welche alle Untertanen beeindrucken wird!

Koordination:
Beweglichkeit:
Kraft:

Turnen am hüfthohen Tuch

Einsteiger trainieren zunächst am hüfthohen U-Fly. Hierzu stellt man sich rücklings hin, greift beide Tuchhälften und zieht das Tuch unter das Gesäß – wie wenn man auf eine Schaukel steigt. Alle Figuren im Kapitel «U-Fly Single» lassen sich am hüfthohen Tuch turnen.

Turnen am sprunghohen Tuch

Das hohe Tuch ist natürlich spektakulärer und zudem Voraussetzung für alle Partner-Formen. Hierzu bieten sich folgenden Aufgänge an:

Basic Climb

- Man schwingt die Beine in die Höhe, sodass man eine Seite des Tuchs zu fassen bekommt. Dann hängt man ein Bein nach dem andern ins Tuch und zieht sich mit beiden Armen hoch.

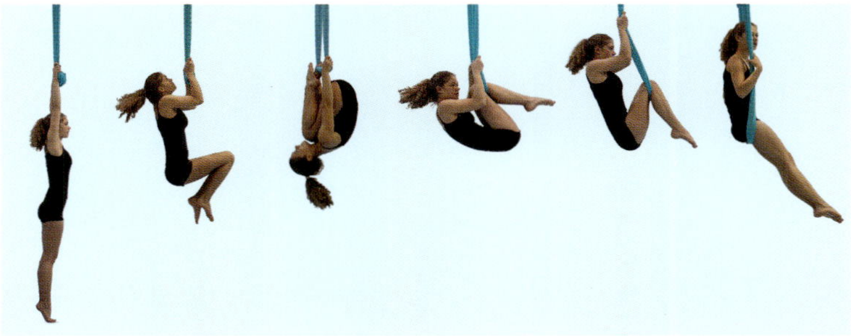

Rollmops

- Man schwingt ebenfalls die Beine hoch und rollt sich direkt in den Stütz. Mit den Füßen kann man am Tuch nachhelfen.

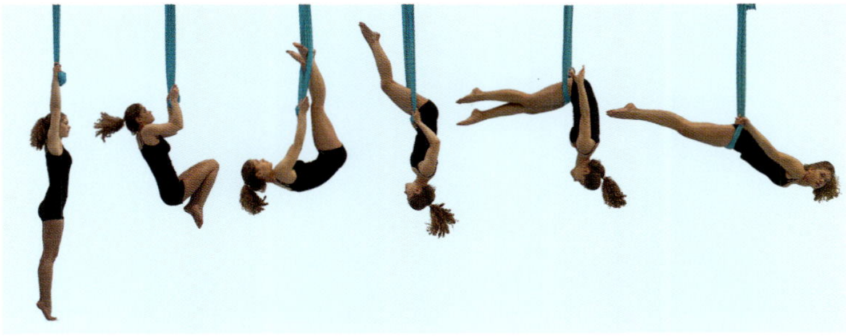

Acrobatics U-Fly Single

Titanic

- Zunächst setzt man sich ins Tuch und lehnt sich nach hinten.
- Dann greift die rechte Hand etwas höher und dreht den Körper nach links in die Bauchlage.
- Dann greift die rechte Hand zunächst an die linke Tuchhälfte, danach kann die linke Hand dort gelöst und unter dem Körper durch an die rechte Tuchhälfte gewechselt werden.

Koordination:
Beweglichkeit:
Kraft:

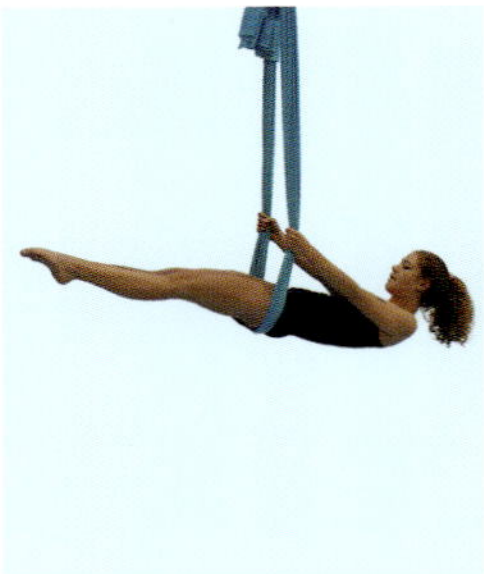

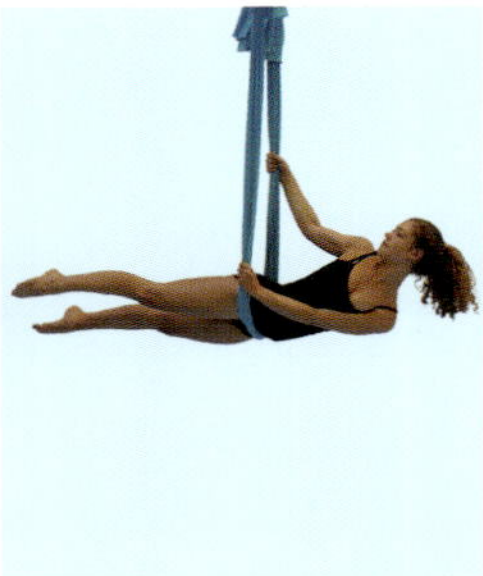

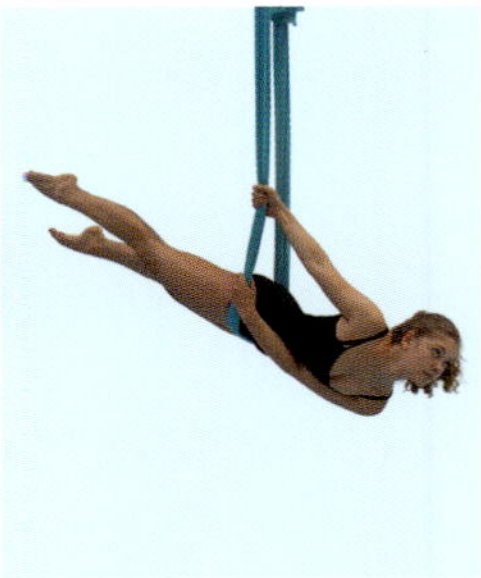

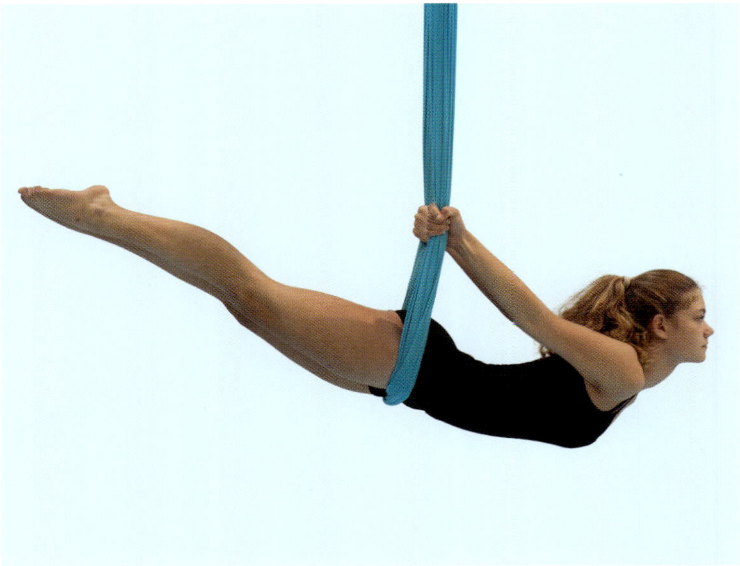

Die Titanic braucht ein gutes Gleich gewicht, sonst geht, bzw. fällt si herunter

Chill-o-Phon

- Zunächst setzt man sich ins Tuch, dann zieht man sich hoch und lässt das Tuch an den Rücken gleiten.
- Sobald das Tuch am Kreuz liegt, lässt man sich nach hinten kippen. Dann sucht man das Gleichgewicht. Ist dieses gefunden, kann eine schöne Pose kreiert werden.

Koordination:
Beweglichkeit:
Kraft:

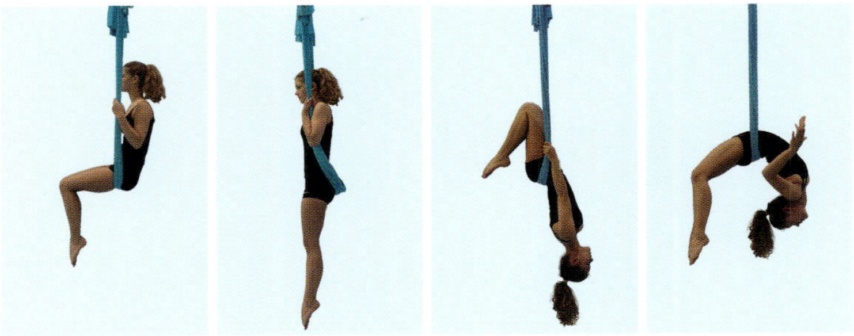

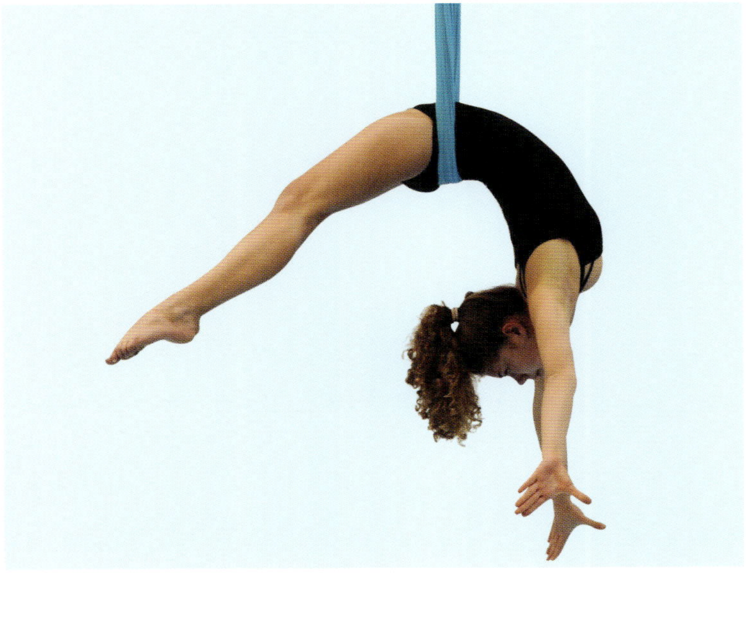

Auch beim Chill-o-Phon geht es vor allem um Gleichgewicht!

Acrobatics U-Fly Single

Bruce Lee

- Zunächst setzt man sich ins Tuch und formt aus diesem eine schmale Wurst.
- Dann winkelt man ein Bein nach dem anderen an, stellt diese neben das Gesäß ins Tuch und drückt mit einem Bein das Tuch von sich weg.
- Dann kann man die Hände lösen und eine coole Pose kreieren.

Koordination:
Beweglichkeit:
Kraft:

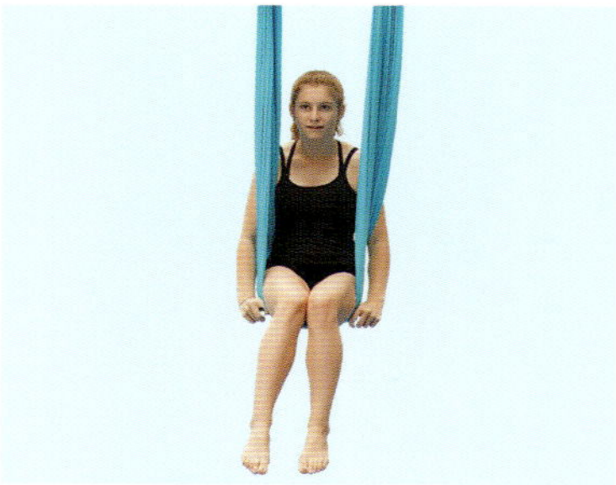

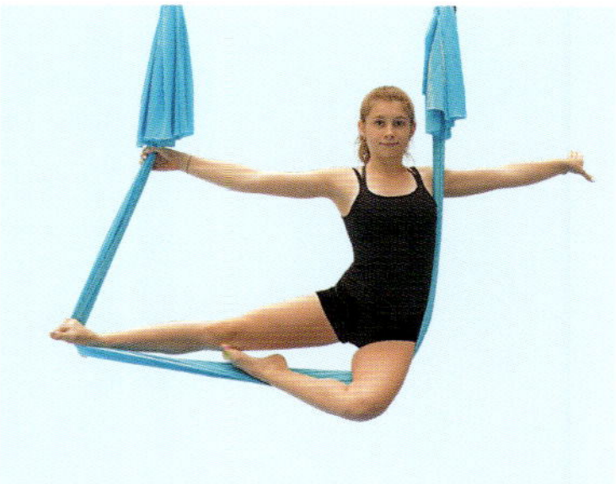

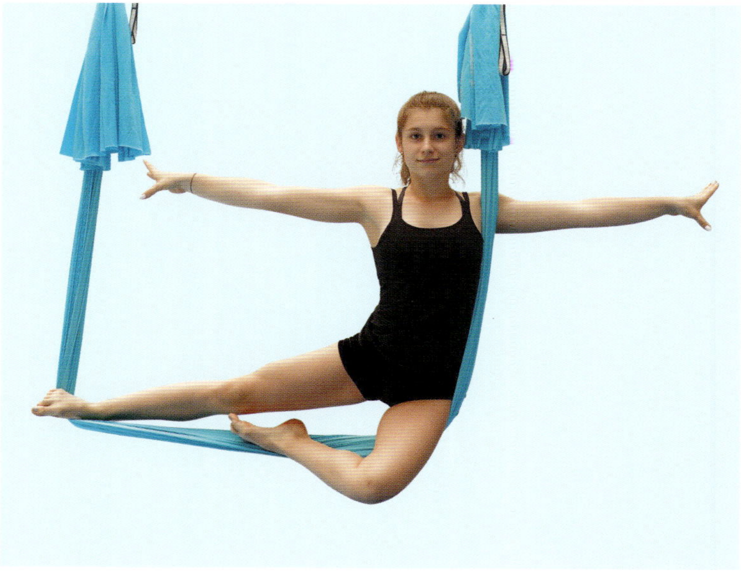

Mit dem U-Fly kann man ewig in der Luft bleiben. Das schafft nicht einmal Bruce Lee selbst!

Beach Babe

- Der Start ist in aufrechter Position, stehend im Tuch.
- Nun greift man mit beiden Händen eine Tuchhälfte, dreht sich mit dem Rücken gegen diese Hälfte und drückt die andere Seite des Tuches von sich weg. Gleichzeitig drückt man mit dem Rücken die andere Tuchälfte weg.
- Sobald die Position stabil ist, gestaltet man sie nach Belieben.

Koordination:
Beweglichkeit:
Kraft:

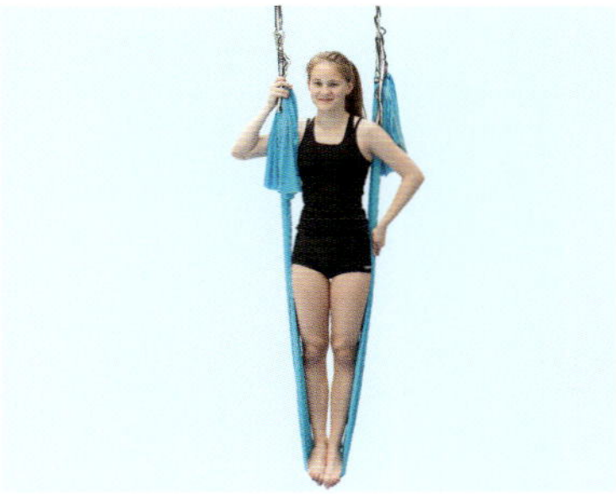

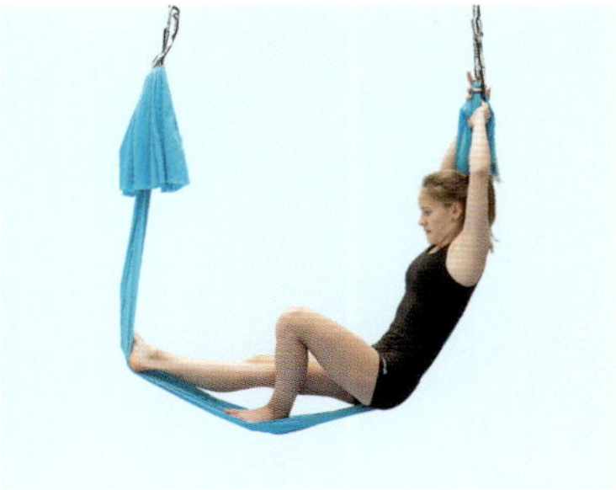

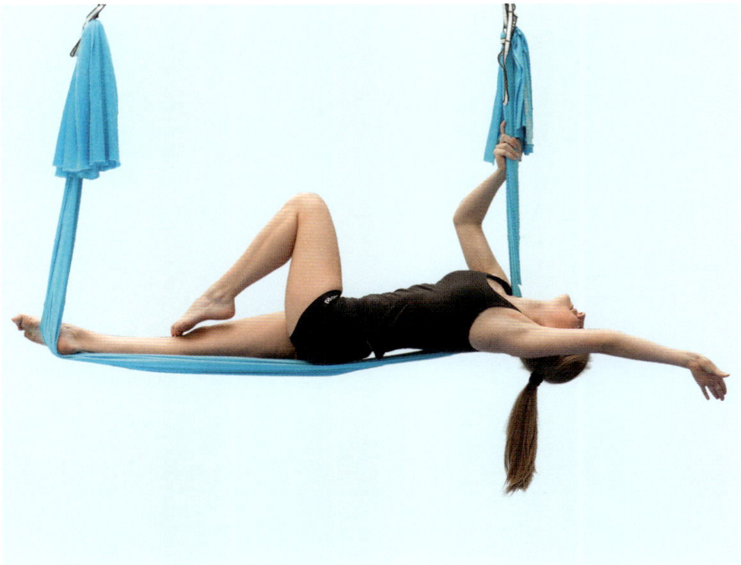

Die Kunst beim Beach Babe ist, so zu tun, als wäre man wirklich entspannt

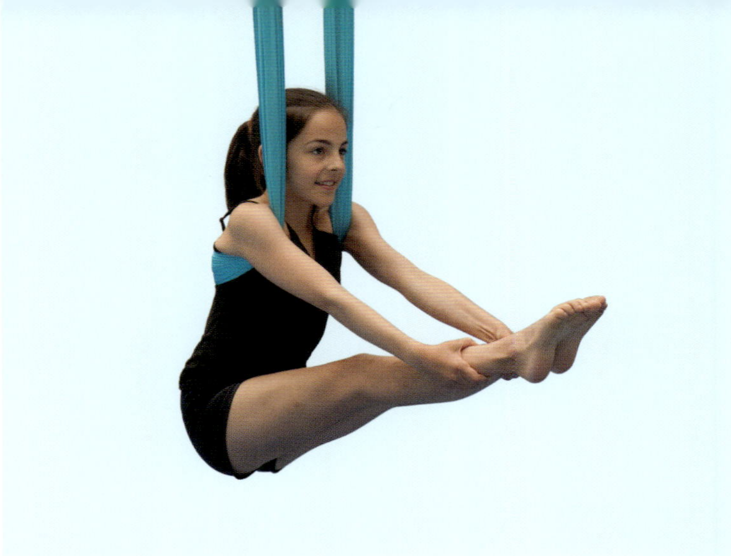

Ooops!
We did it
again! ;-)

Acrobatics U-Fly Single

Britney the Spear

- Die turnende Person stellt sich aufrecht hin, das Tuch ist auf Schulterhöhe.
- Sie «fädelt» beide Arme im Tuch ein, sodass das Tuch über den Rücken und dann unter den Armen durch verläuft.
- Vorsichtig löst sie die Füße vom Boden und verlagert das Gewicht auf die Arme.
- Die Beine werden nach vorne gestreckt, die Hände greifen die Unterschenkel.

Variante

- Britney the Spear kann auch am hohen Tuch geturnt werden. Hierzu klettert man zuerst in die Sitzposition und lässt sich anschließend hinuntergleiten, bis das Tuch in Position ist.

Koordination:
Beweglichkeit:
Kraft:

Acrobatics U-Fly Single

Swan Lake

- Zunächst sitzt man im Tuch und drapiert es breit um das Gesäß.
- Daraufhin lässt man sich nach hinten kippen und fasst das Tuch mit den Beinen von vorne nach hinten und richtet sich mit Hilfe der Arme wieder auf.
- Dann greift man die Tuchhälften mit den Armen über dem Kopf, biegt den Rücken durch und winkelt die Beine an.

Koordination:
Beweglichkeit:
Kraft:

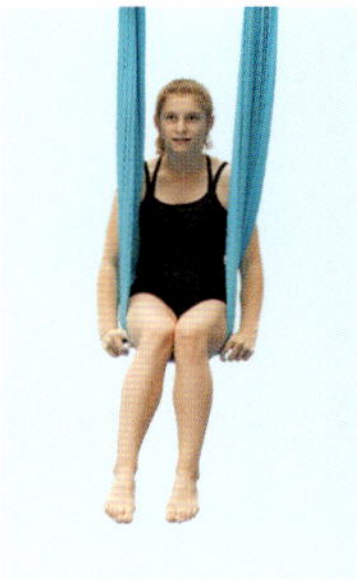
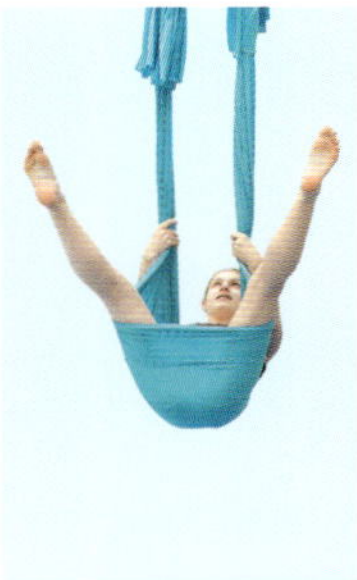
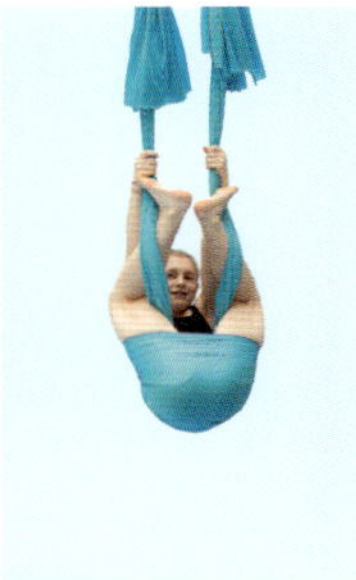
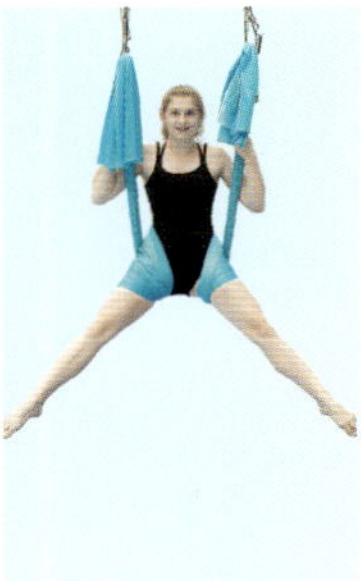
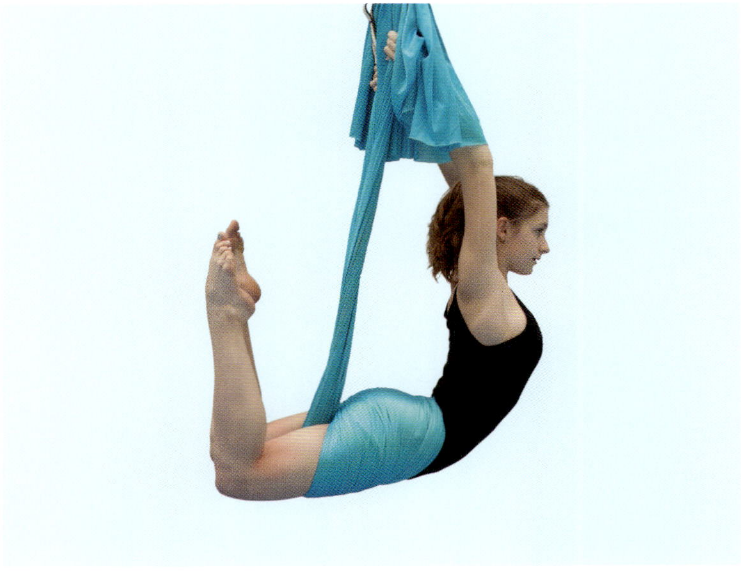

Schwanensee ist Eleganz pur!

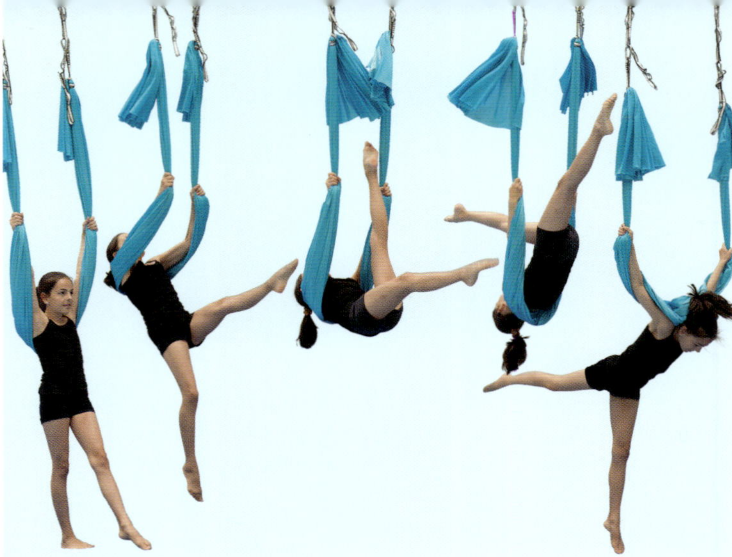

Diese dynamische Figur funktioniert ähnlich wie der Felgaufschwung am Reck

Acrobatics U-Fly Single

Matrix Salto

- Man startet in Vorschrittstellung, beide Hände greifen das Tuch, welches auf Schulterhöhe hinter dem Körper liegt. Die Arme sind gestreckt.
- Nun schwingt man das Spielbein kräftig nach vorne oben, und springt gleichzeitig mit dem Standbein vom Boden ab.
- Nun spannt man die Bauchmuskeln an, zieht sich mit Armen und Oberkörper weiter hoch und passiert das Tuch mit quer gespreizten, gestreckten Beinen.
- Dann lässt man sich auf der anderen Seite kontrolliert wieder zu Boden gleiten und landet auf einem Bein.

Koordination:
Beweglichkeit:
Kraft:

Graf Dracula hängt tagsüber sehr gerne herum. Das kannst du auch!

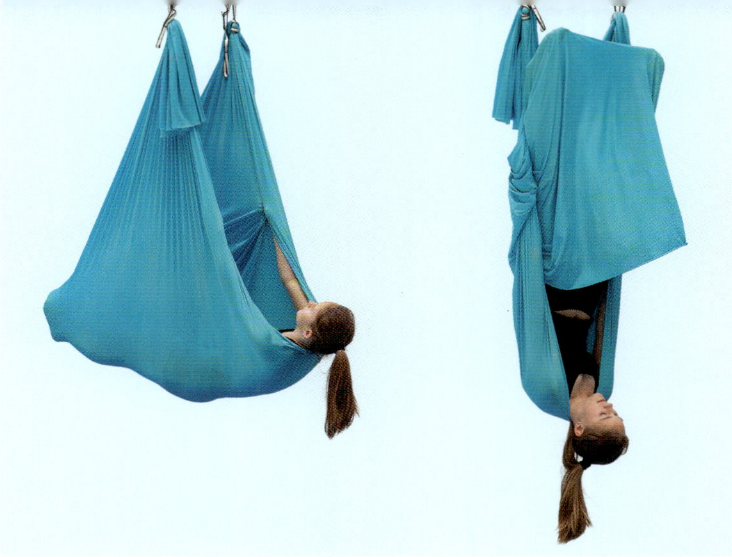

Acrobatics U-Fly Single

Fledermaus

- Man startet sitzend im Tuch und wickelt die Tuchenden um die Hände, dann breitet man das Tuch aus, bis man sich hinlegen kann. Oben zieht man das Tuch über die Schultern bis zum Nacken, das Fußende des Tuches wird bis zur Brust hochgezogen.
- Dann rollt man den Körper ein, verlagert das Gewicht auf die Schultern und richtet sich langsam bis in die Senkrechte auf.

Variation Fledermaussalto (Reihenbild unten)

- Man beginnt mit der Fledermaus, dann zieht man die Beine an und turnt zwischen dem Tuch ein Salto rückwärts, bis die Ausgangsposition im Tuch wieder erreicht wird.

Koordination:
Beweglichkeit:
Kraft:

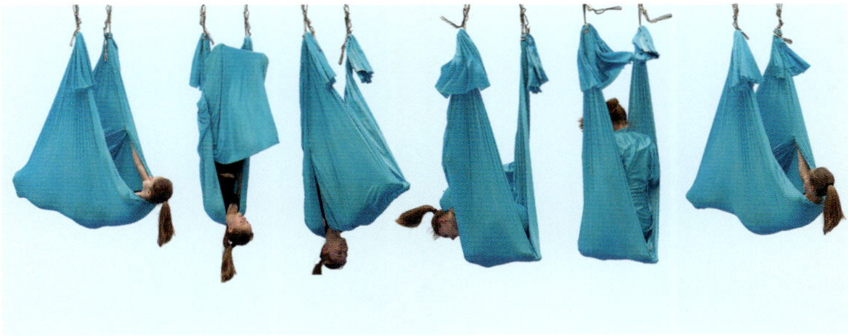

Acrobatics U-Fly Single

Banana Split

- Man startet im Vierfüßerstand und setzt ein Bein nach dem anderen ins Tuch, bis man eine Plank-Position im Tuch erreicht.
- Danach zieht man die Hüfte hoch, bis Hände, Schultern und Hüfte eine Linie bilden.
- Nun verlagert man das Gewicht auf ein Bein und löst das andere aus dem Tuch, um die Pose zu vervollständigen.

Koordination:
Beweglichkeit:
Kraft:

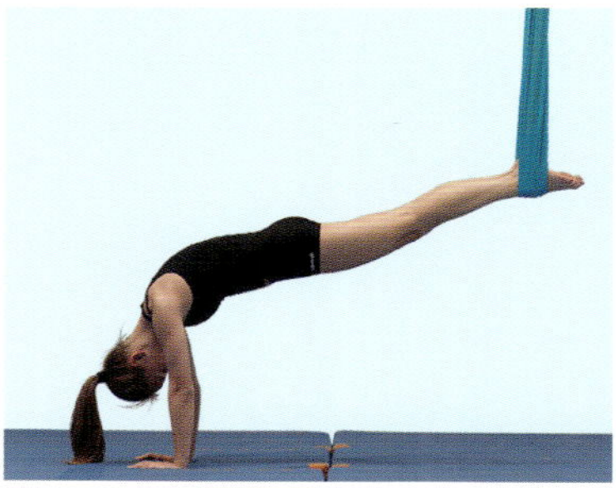

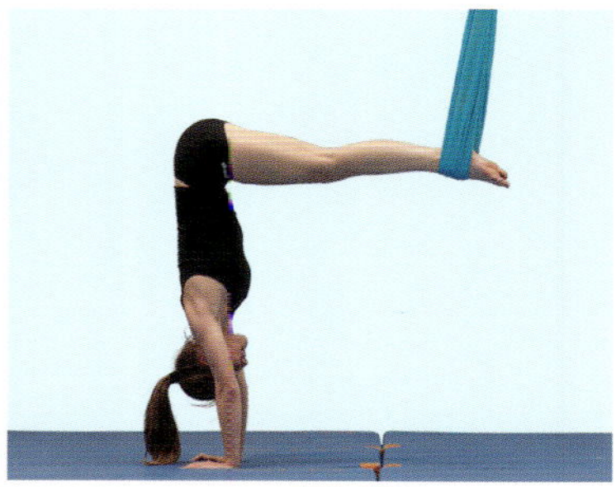

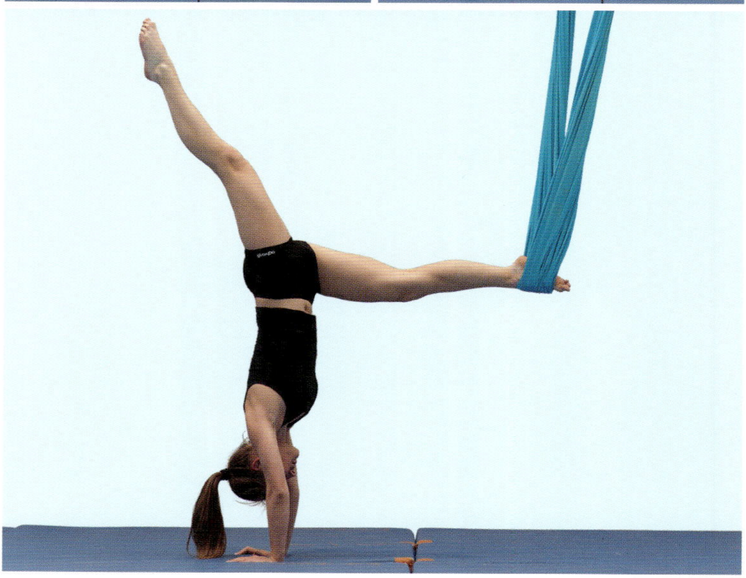

Mit dem U-Fly kann man sehr gut an der Balance für den Handstand arbeiten

Bambi

- Der Start ist wie bei «Hang Loose» (siehe S. 108). Die Winkelgrätsche dient nur dazu, den Schwung vom Rückwärtskippen zu bremsen.
- Sobald die Position stabilisiert ist, kreiert man mit den Beinen die Bambi-Pose und zieht den hinteren Fuß in Richtung Hinterkopf.

Koordination:
Beweglichkeit:
Kraft:

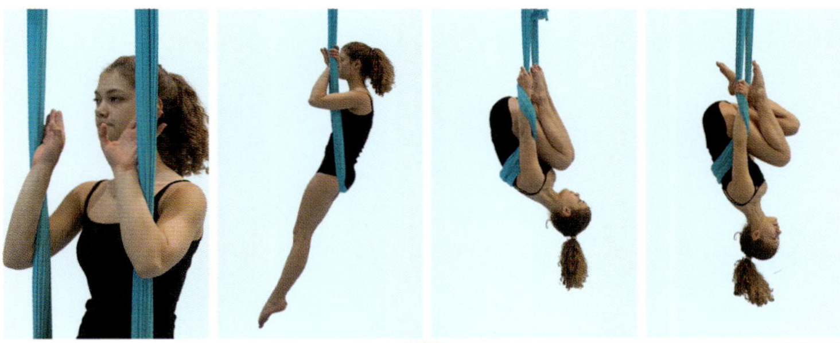

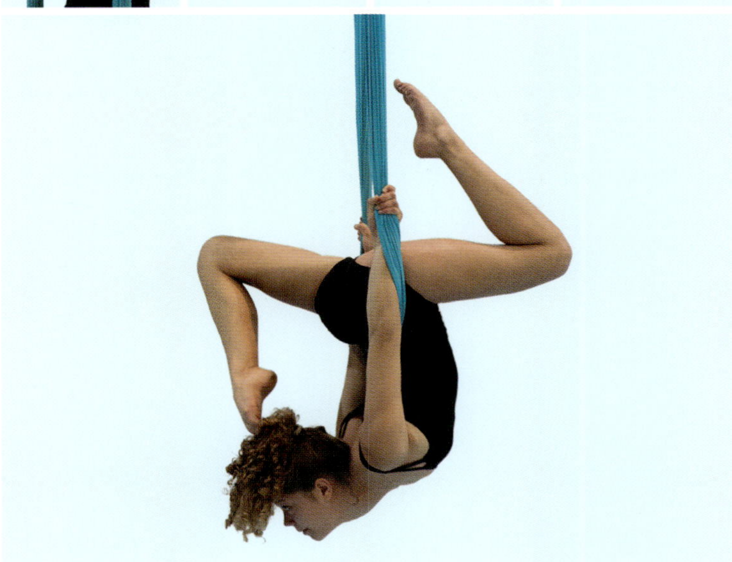

Das Bambi weiß seine Beine schön in Szene zu setzen. Mach's ihm nach!

Acrobatics U-Fly Single

Dornröschen

- Der Start ist gleich wie beim «Bambi». Ist man bei der Winkelgrätsche angekommen (Bild 4), streckt man ein Bein am Tuch entlang und stabilisiert sich damit, das andere winkelt man an und zieht es Richtung Kopf.
- Die Arme können den Fuß halten oder eine schöne Pose kreieren.

Koordination:
Beweglichkeit:
Kraft:

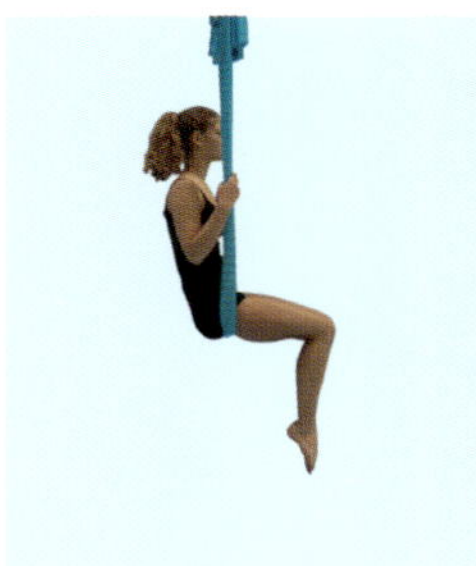
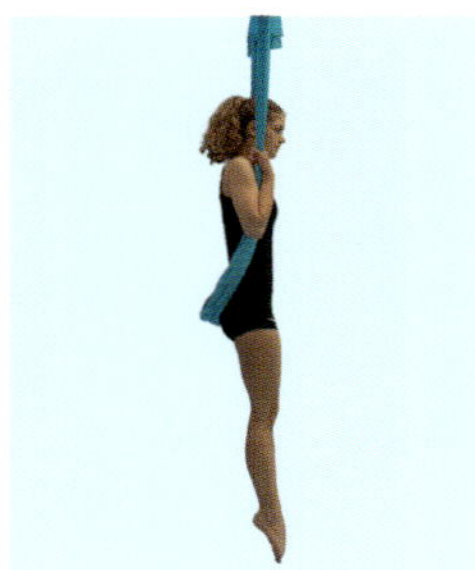
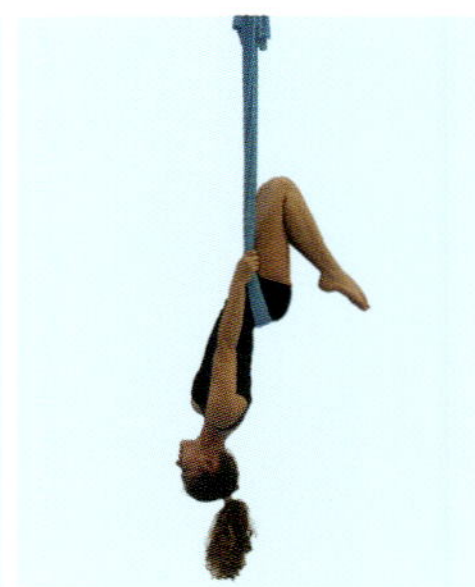

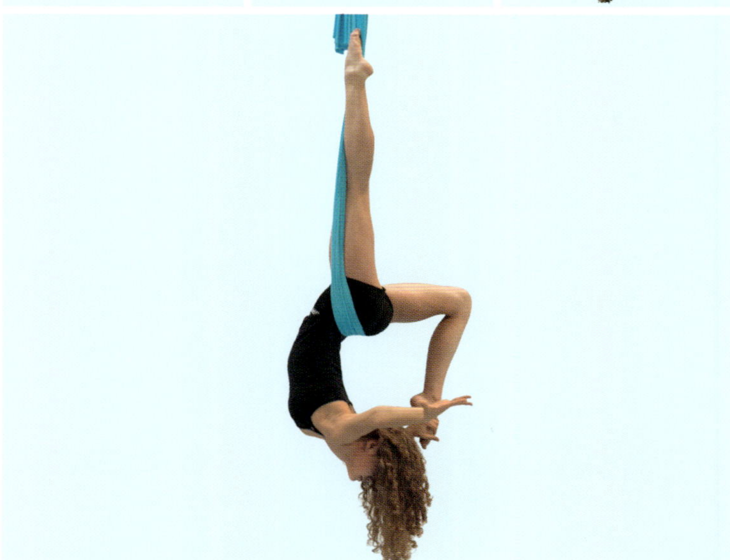

Aus dem Bambi lässt sich diese coole Figur ableiten

Bungee Stunt

- Ausgangsposition ist stehend im Tuch. Man greift die Tuchhälften fest mit beiden Händen und schwingt die gegrätschten Beine hoch. Dann hakt man die Füße von vorne her darin ein und fixiert die Füße durch Verschränken.
- Dann lässt man sich heruntergleiten bis das Tuch auf Rückenhöhe ist. Dann kann man die Arme lösen und eine tolle Pose kreieren.

Koordination:
Beweglichkeit:
Kraft:

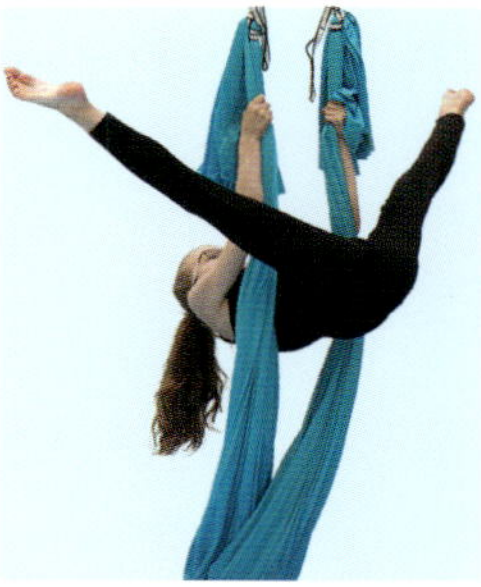

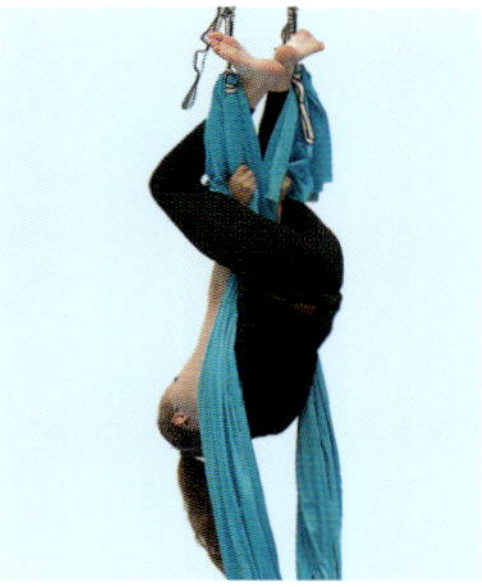

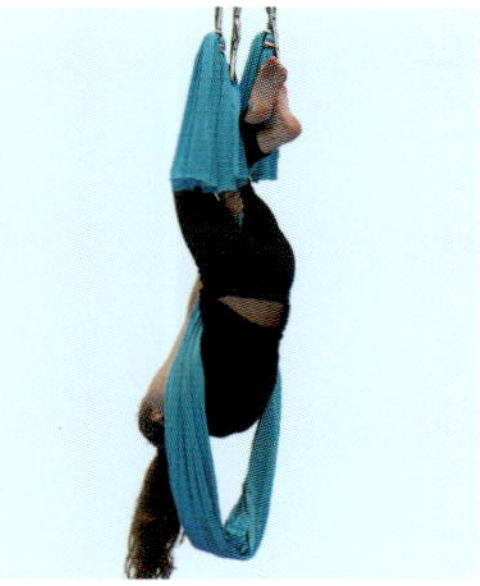

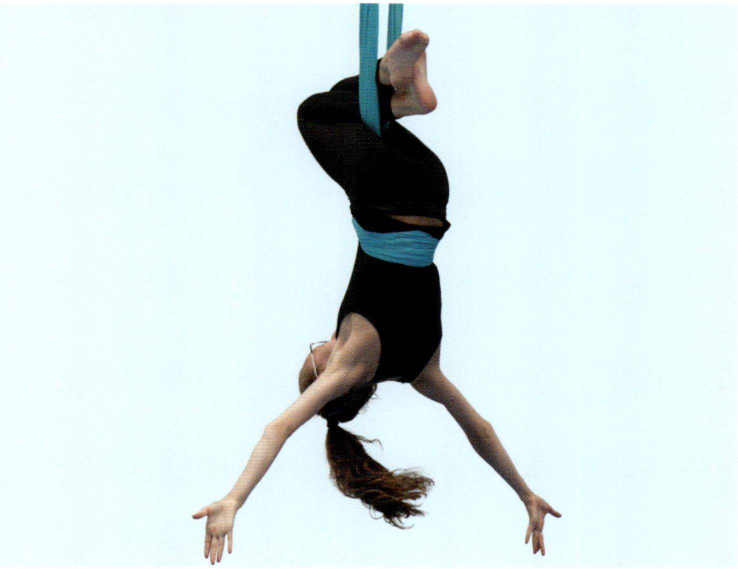

Für den Bungee Stunt braucht es etwas Mut – aber es lohnt sich!

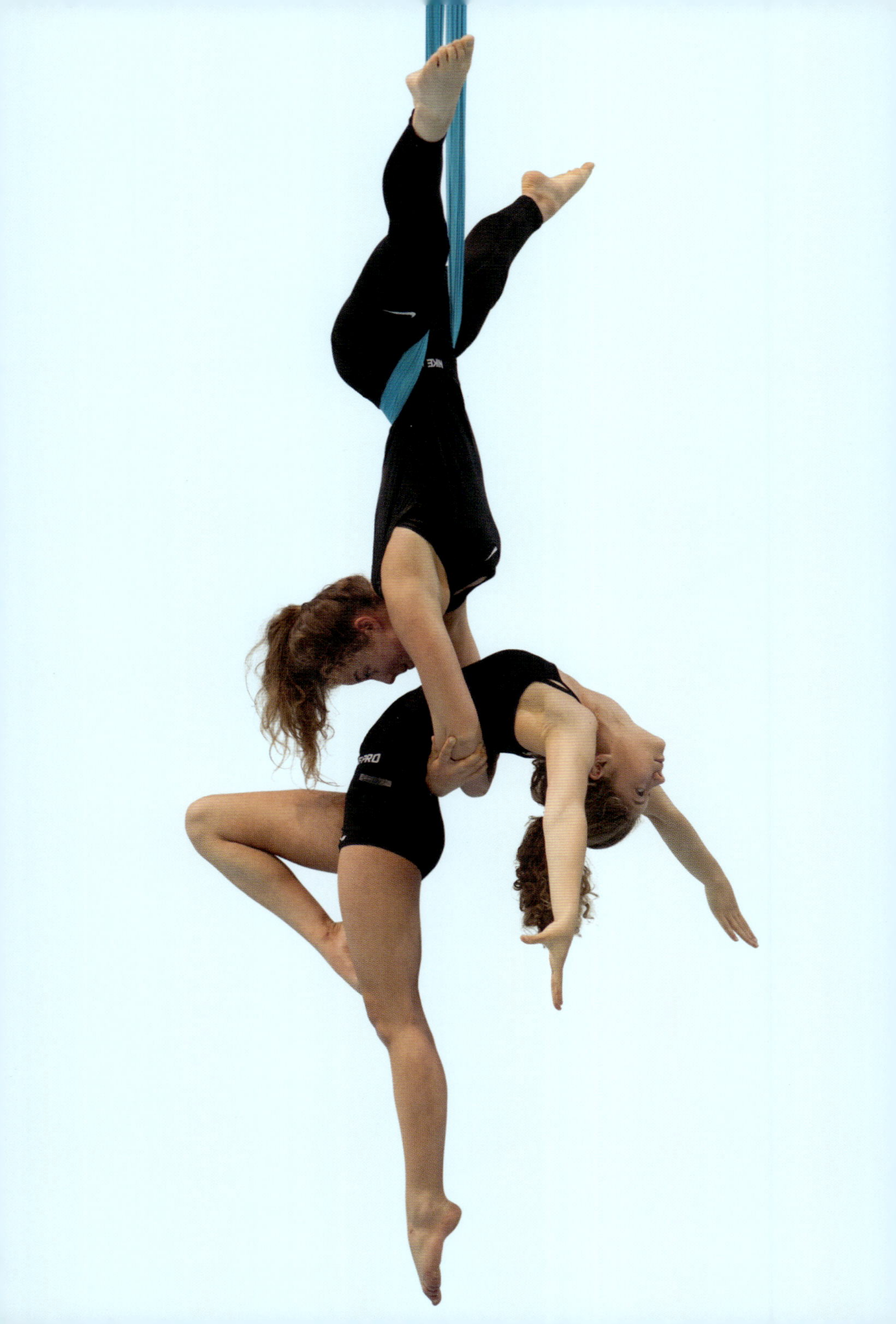

U-Fly Double

Auch in der Luft lassen sich mit einem Partner spektakuläre Figuren kreieren. Hier kommt eine Auswahl an Ideen für den Einstieg. Wer wagt gewinnt!

Acrobatics U-Fly Double

U-Fly Double

Diese Formen können nur am sprunghohen Tuch geturnt werden. Bei den Doubles müssen immer weiche Matten unterlegt werden, und ein Spotter begleitet jede Übung und greift wenn nötig ein – insbesondere bei den Übungen, bei denen der Flyer kopfüber hängt.

Hang Loose

- Aus dem Sitz kippt man rückwärts, lässt das Tuch an den Rücken gleiten und wickelt die Beine wie ein Frosch um das Tuch.

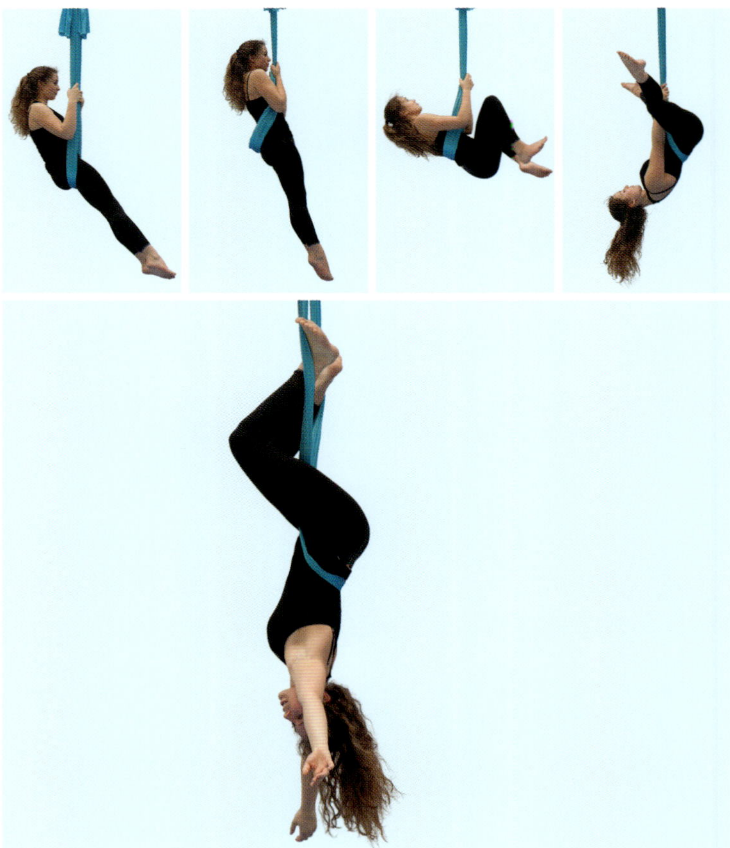

Acrobatics U-Fly Double

Festhalten mit den Händen

- Greift man das Tuch, kommt immer der Klammergriff zum Einsatz. Das heißt, alle Finger greifen von der einen Seite, der Daumen von der anderen Seite um das Tuch (Bild 1).
- Greift der Flyer den Catcher am Arm, erfolgt ein Doppel-Klammergriff (Bild 2).
- Greift der Flyer die Füße, wird die Hand inklusive Daumen flach von außen her über den Fuß des Catchers gelegt.

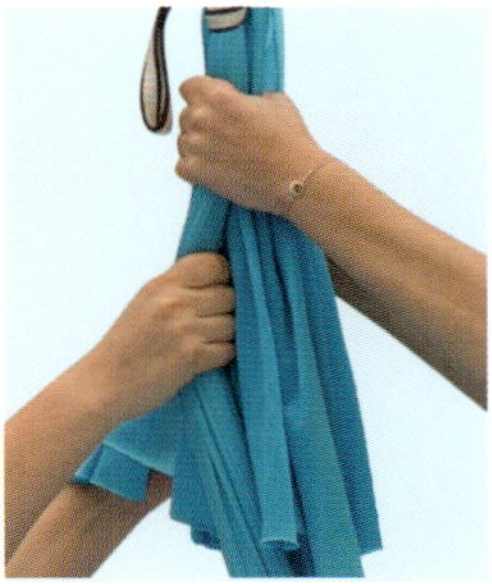
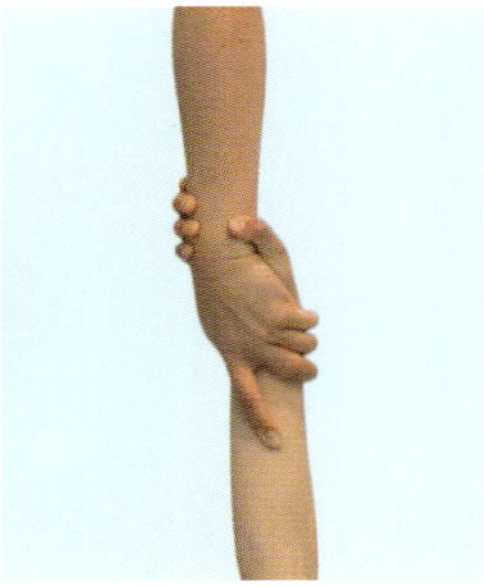
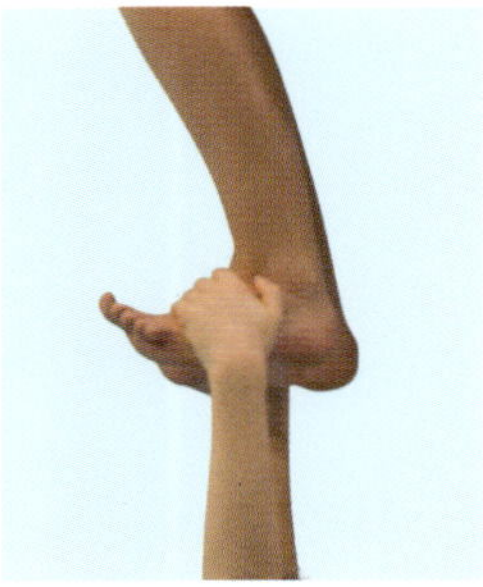

Festhalten mit den Füßen

Will man die Füße zu Haltezwecken einsetzen, werden diese grundsätzlich geflext und angespannt. Das heißt, der Turnende zieht die Zehen fest nach oben Richtung Schienbein.

- Der Flyer hält sich mit geflexten Füßen am Catcher fest (Bild 1).
- Der Flyer hält sich mit den Händen an den Füssen des Catchers fest (Bild 2).
- Der Catcher trägt den Flyer unter den Achselhöhlen (mit Sicherungsgriff des Flyers, Bild 3).

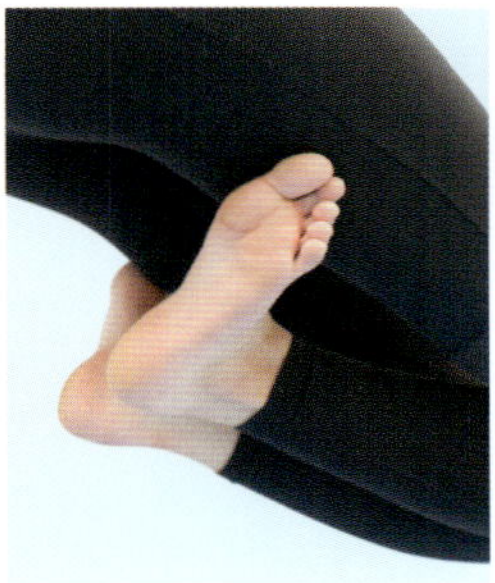
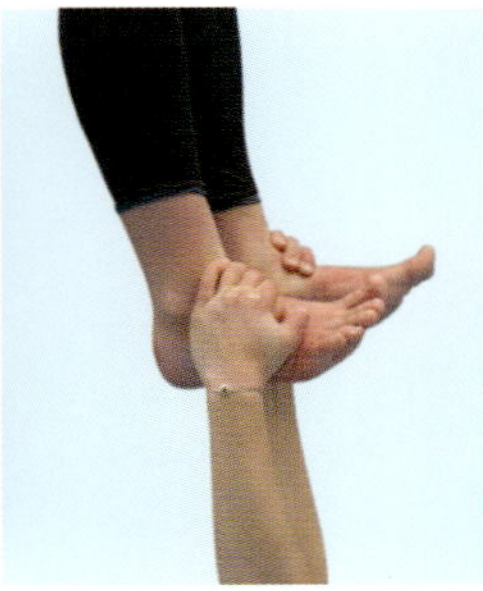
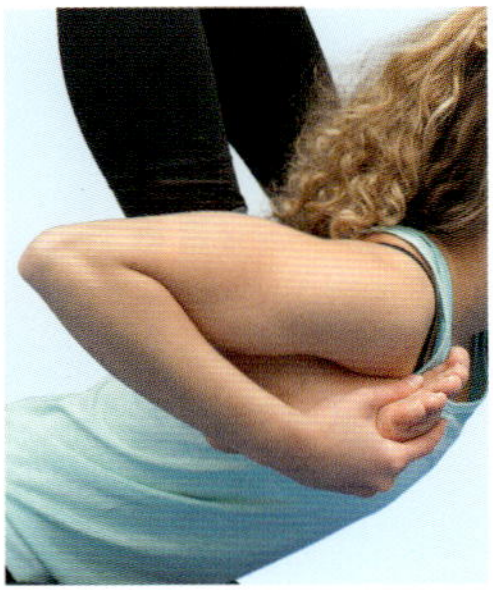

Acrobatics U-Fly Double

Double L

- Beide stehen im Tuch einander gegenüber, Person A steht auf den Füßen von Person B.
- Person A geht in die Knie, streckt die Arme und lehnt sich nach hinten. Person B steigt gleichzeitig auf die Oberschenkel von A.
- Nun streckt auch B die Arme und lehnt sich nach hinten.

Koordination:
Beweglichkeit:
Kraft:

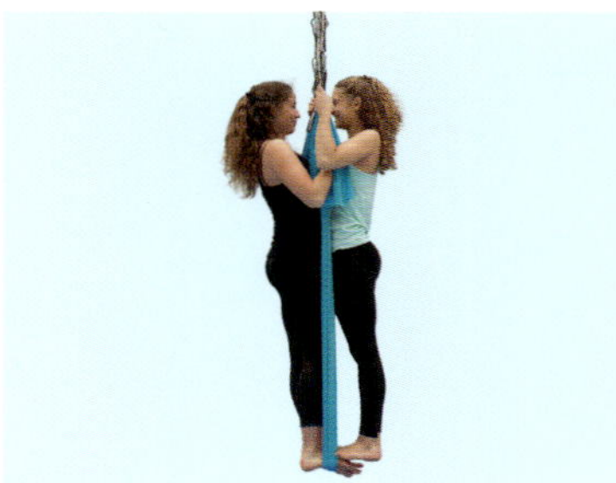

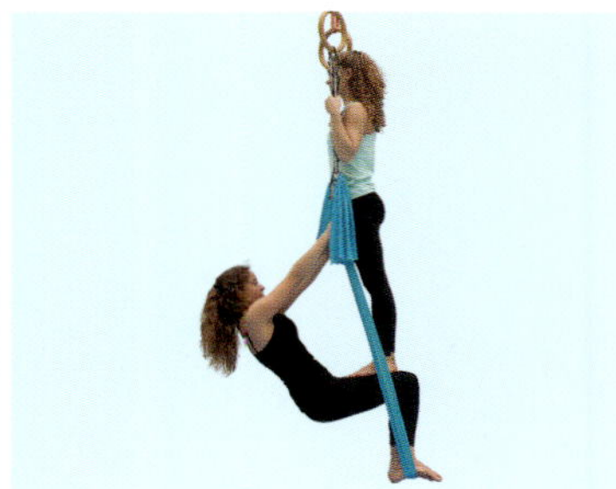

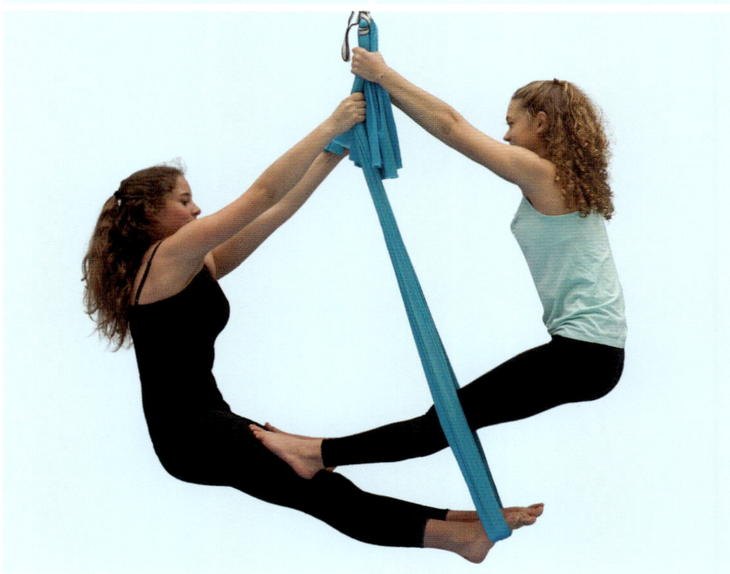

Beim Double L müssen sich beide Personen synchron bewegen

Acrobatics U-Fly Double

Free Fall

- Person A setzt sich ins Tuch, Person B steht ihr gegenüber. Die Füße von B setzen seitlich von A auf dem Tuch auf.
- B streckt die Arme und lehnt sich nach hinten. A lässt sich langsam hinuntergleiten, löst dann die Arme und kreiert eine Pose. Die Füße kann sie entweder bei A einhängen (s. Detailbild) oder gerade nach hinten strecken.

Koordination:
Beweglichkeit:
Kraft:

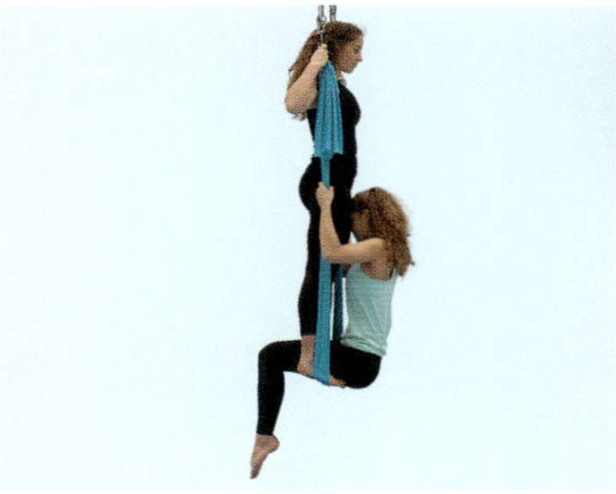

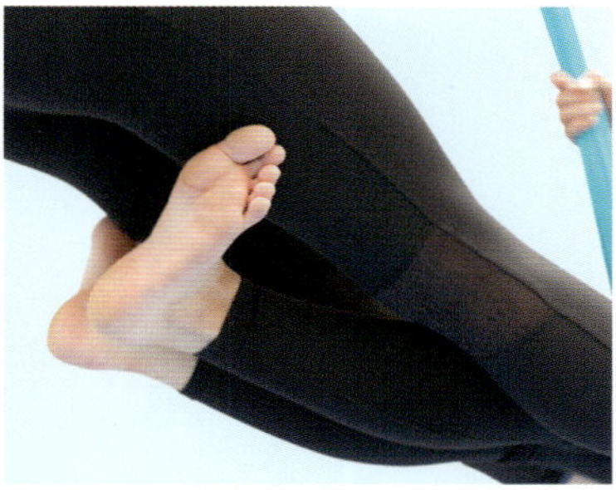

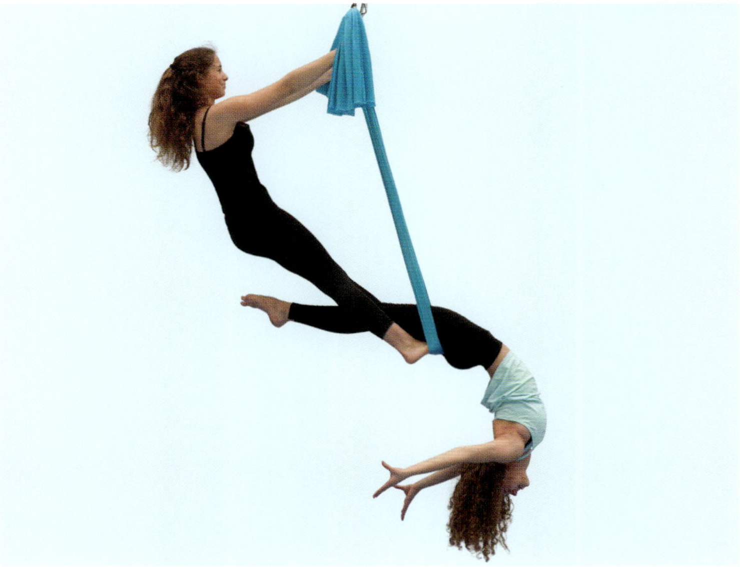

Hier braucht es etwas Mut, ansonsten ist die Übung eher einfach

Acrobatics U-Fly Double

Sesselift

- Der Catcher setzt sich ins Tuch und hält sich mit beiden Händen fest. Der Flyer greift die Füße des Catchers am Rist.
- Während der Flyer das Gewicht langsam auf die Füße des Catchers verlagert, lehnt dieser nach hinten und streckt die Arme, um ein Gegengewicht zu schaffen. Dann zieht der Flyer die Beine in eine gehockte Position.

Koordination:
Beweglichkeit:
Kraft:

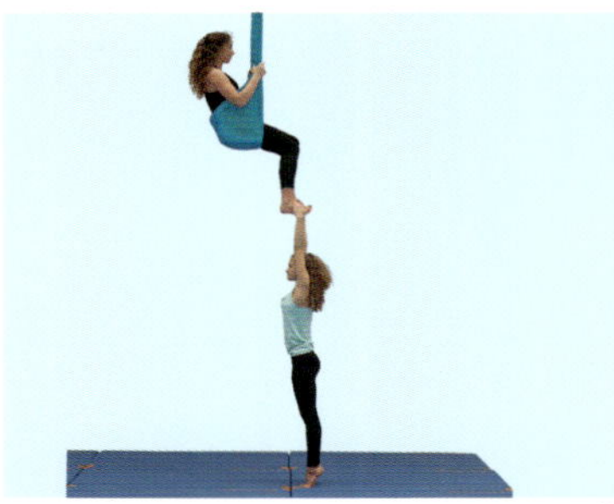

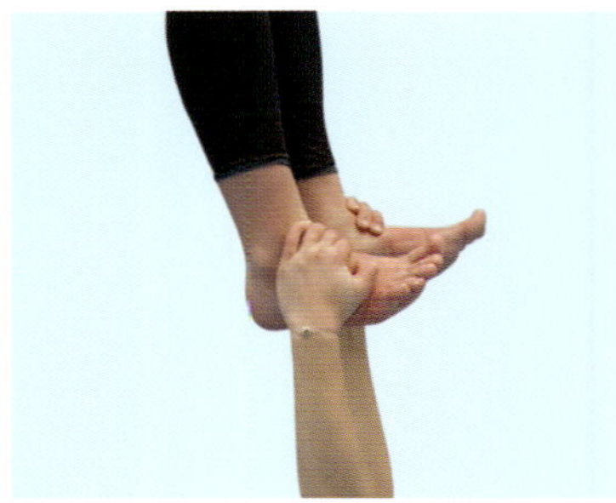

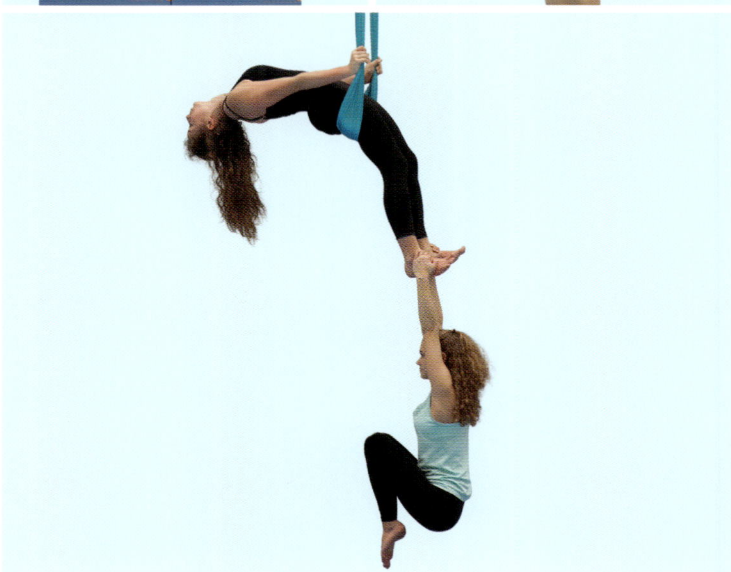

Den Sessellift kann man nicht nur sitzend nutzen …

Acrobatics U-Fly Double

Tea Spoon

- Der Catcher begibt sich ins «Hang Loose» (S. 108) und streckt die Arme. Beide Personen fassen sich gegenseitig im Klammergriff.
- B springt ab und rollt sich ein, bis der Körperschwerpunkt zwischen den Armen ist (Bild 2). Dann hakt sie sich mit den Füßen ein, gleitet nach vorne und biegt den Rücken durch.

Koordination:
Beweglichkeit:
Kraft:

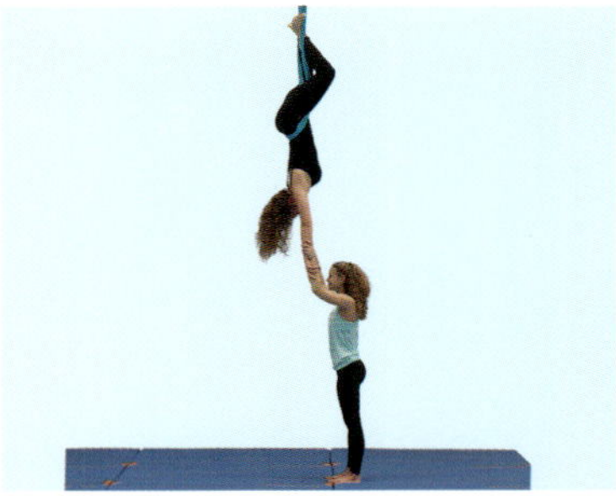

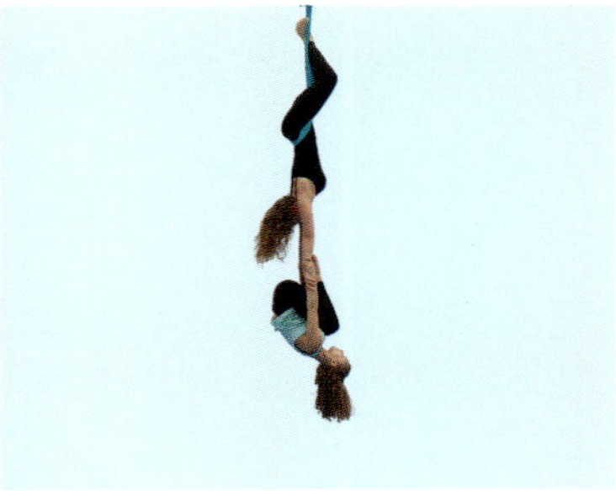

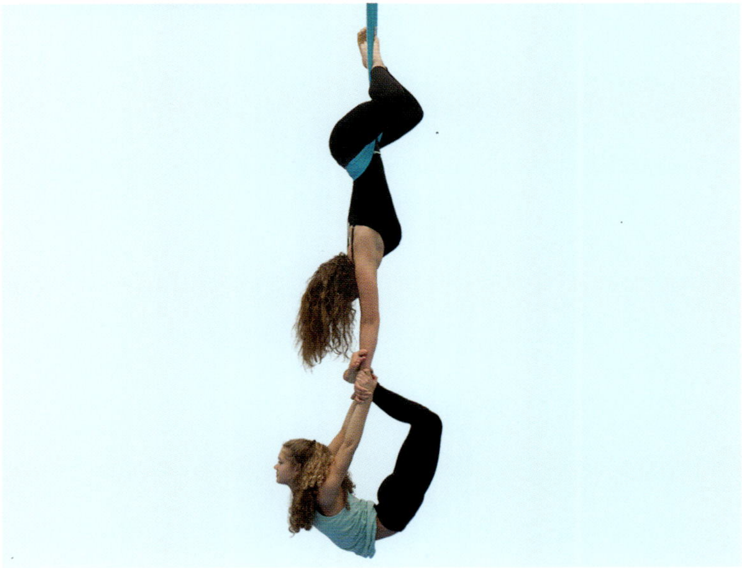

So einen schönen Löffel hat es noch nie gegeben. Oder?

Acrobatics U-Fly Double

Ei

- Der Catcher legt sich auf den Rücken ins Tuch und biegt den Rücken durch, wie eine fliegende Brücke.
- Der Flyer greift beide Füße des Catchers und streckt zunächst ein Bein nach oben, welches der Catcher ergreift und festhält.
- Dann verlagert der Flyer das Gewicht auf den gehaltenen Fuß, löst den zweiten Fuß vom Boden und reicht ihn dem Catcher.

Koordination:
Beweglichkeit:
Kraft:

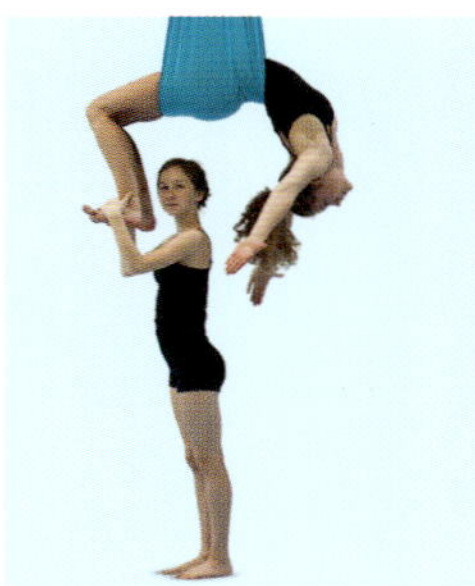
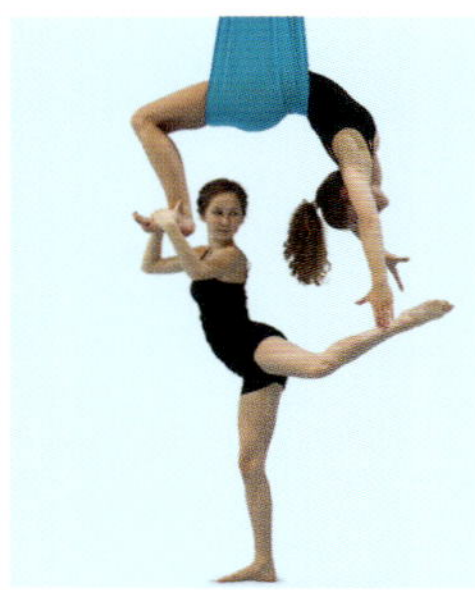
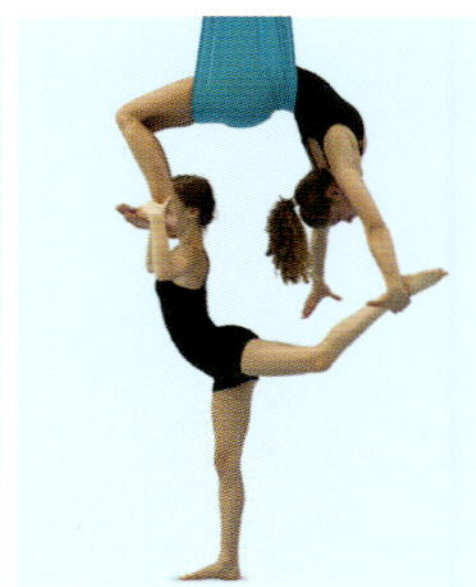

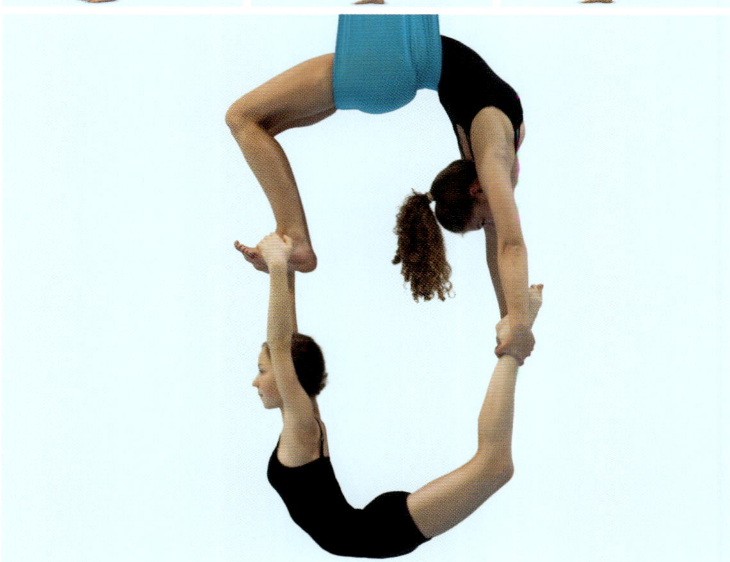

Die Null ist ein bisschen tricky, aber wunderschön! Übung macht den Meister!!

Acrobatics U-Fly Double

Easy Jet

- Der Catcher begibt sich in die Position «Hang Loose» (S. 108) und streckt die Arme.
- Der Catcher greift eine Hand des Flyers (Klammergriff) sowie den Fuß, welcher der Flyer in die Höhe streckt.
- Nun kann der Flyer den zweiten Fuß vom Boden lösen und die Dornröschenpose kreieren.

Koordination:
Beweglichkeit:
Kraft:

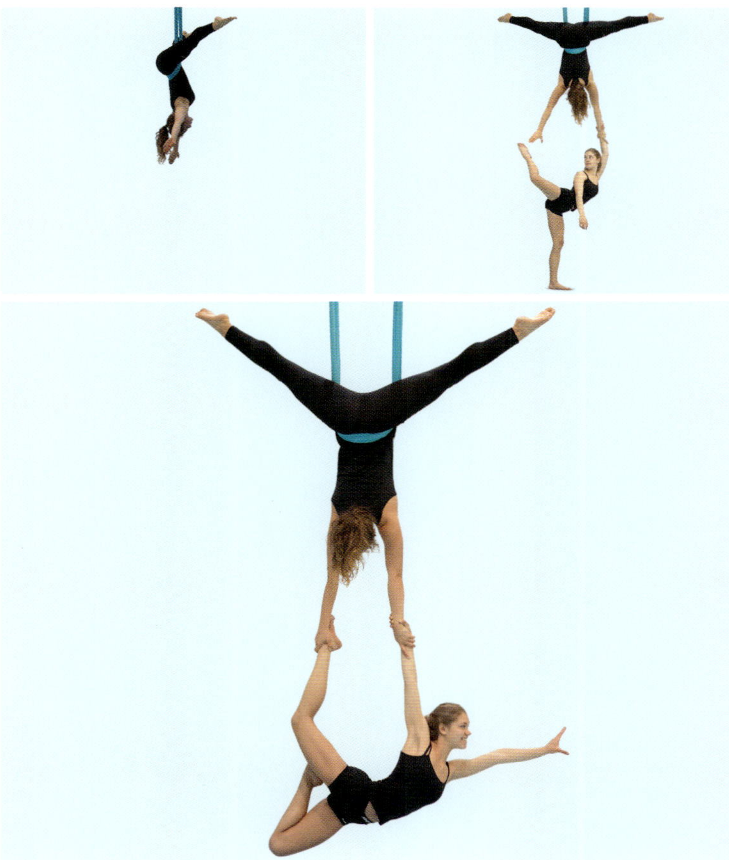

Easy Jet – Fliegen für edermann!

Acrobatics U-Fly Double

Zwei Sonnen am Himmel

- Der Catcher begibt sich ins «Hang Loose» (S. 108) und streckt die Arme nach unten.
- Beide Personen fassen sich gegenseitig im Klammergriff, der Flyer schwingt vorwärts hoch, die Beine in Schrittstellung angewinkelt.
- Sobald die Position stabilisiert ist, biegt der Flyer den Rücken durch und zieht einen Fuß in Richtung Hinterkopf.

Koordination: ≡ ≡ ≡
Beweglichkeit: ≡ ≡
Kraft: ≡ ≡

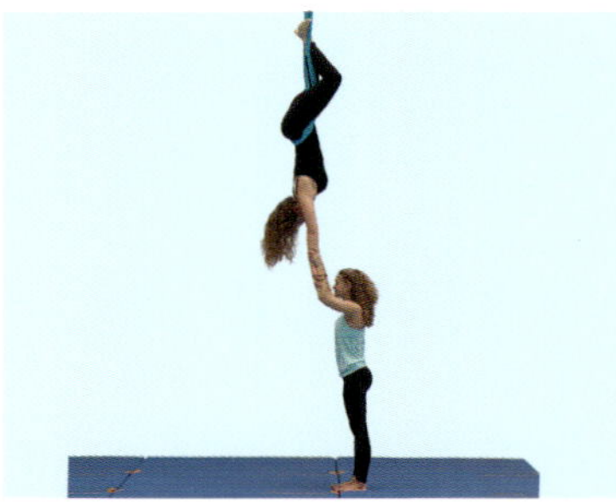

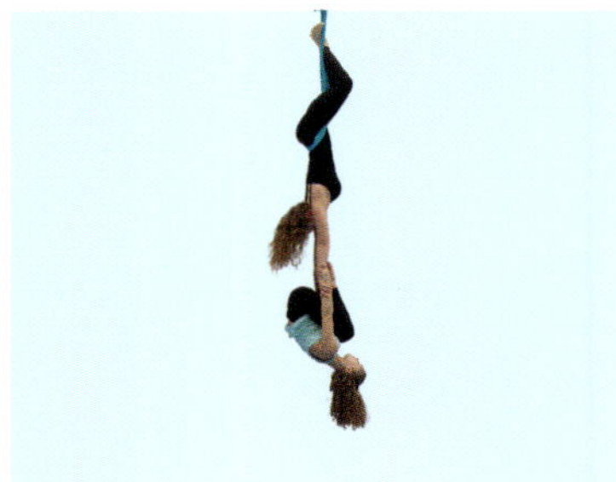

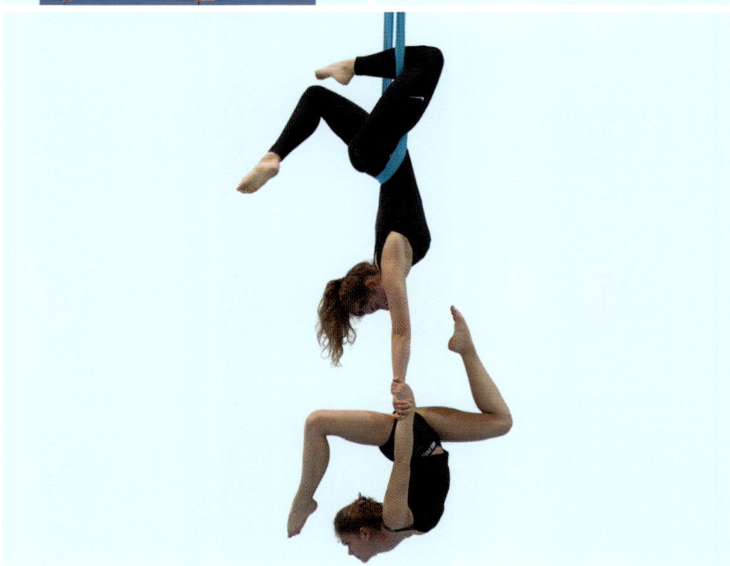

Am U-Fly-Himmel scheint die Sonne manchmal doppelt!

Graf Dracula

- Der Catcher (A) begibt sich ins «Hang Loose» (S. 108) und streckt die Arme. Beide Personen fassen sich gegenseitig im Klammergriff.
- Der Flyer (B) zieht sich mit Unterstützung von A kräftig mit den Armen hoch, legt die Beine um den Oberkörper von A und verriegelt die Füße (s. Detailbild).
- Dann kann sich der Flyer nach unten hängen lassen.

Koordination:
Beweglichkeit:
Kraft:

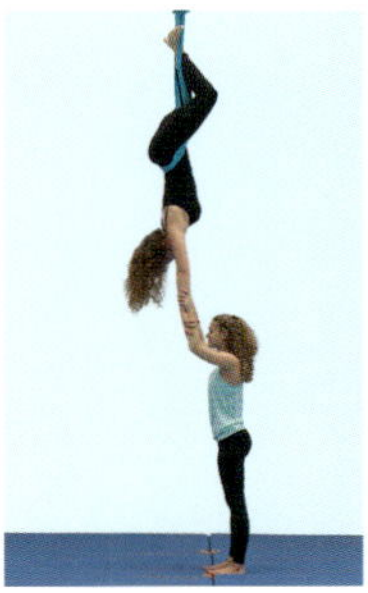
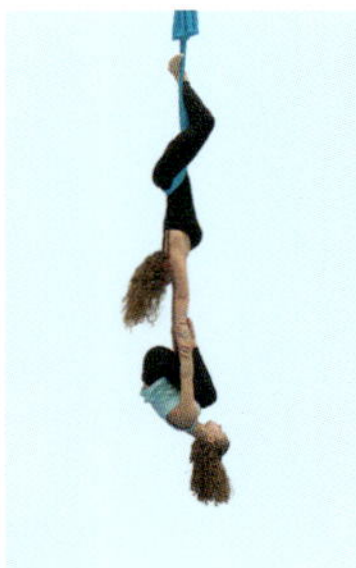
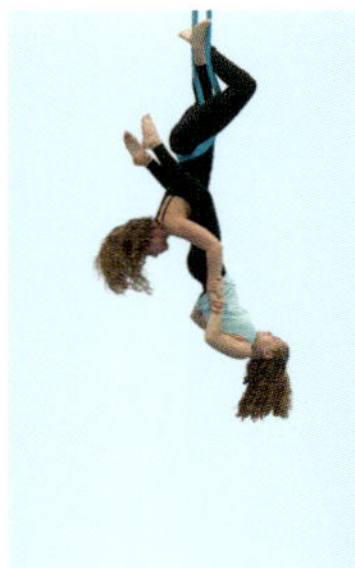
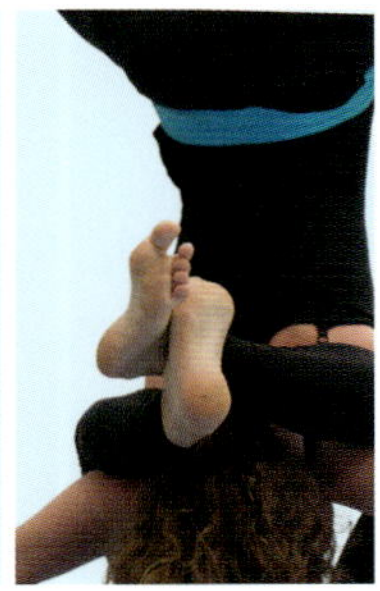

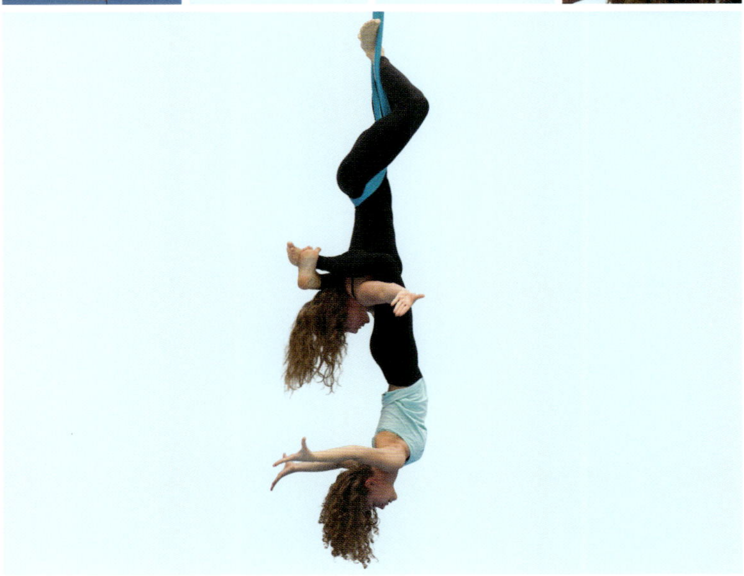

Der Spotter unterstützt den Flyer, indem er ihn an den Schultern nach oben schiebt

Acrobatics U-Fly Double

Ophelia

- Ausgangsposition ist «Graf Dracula» (S. 117).
- Der Flyer rollt sich hoch und umfasst den Catcher fest mit beiden Armen. Der Catcher zieht den Flyer fest zu sich.
- Nun löst der Flyer die Beine und lässt diese herunterhängen.
- Der Catcher umfasst mit beiden Armen den Rücken des Flyers (Klammergriff!), der Flyer löst die Arme und kreiert die Pose.

Koordination:
Beweglichkeit:
Kraft:

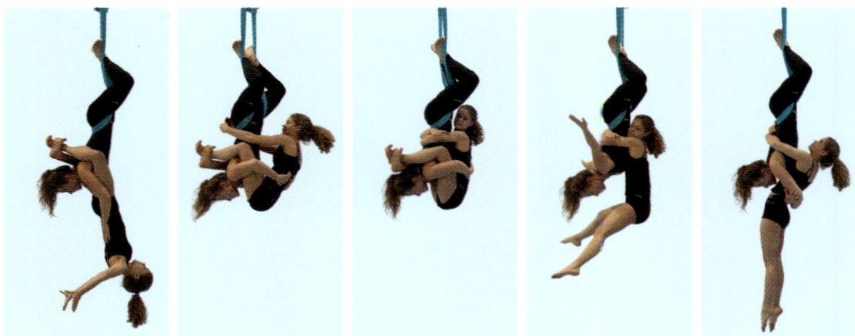

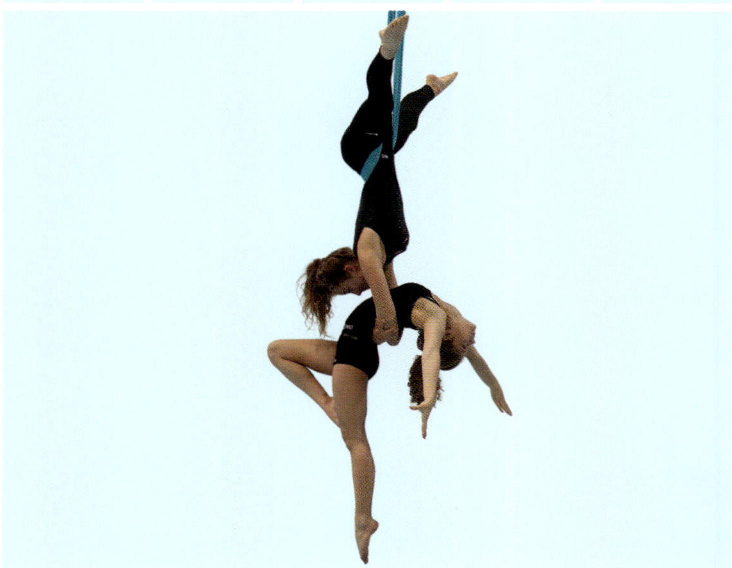

Die schöne Wasserleiche kann auch fliegend überzeugen!

Acrobatics U-Fly Double

Doppeldecker

- Person A setzt sich ins Tuch, Person B stellt sich auf die Oberschenkel von A, greift das Tuch und zieht sich hoch in Frosch-Position. Durch wickeln der Füße entlastet sie die Arme.
- Person A begibt sich in den Grätschhang.
- Person B kommt aus dem «Frosch» herunter, setzt sich auf Person A und lässt sich ebenfalls in den Grätschhang gleiten.

Koordination:
Beweglichkeit:
Kraft:

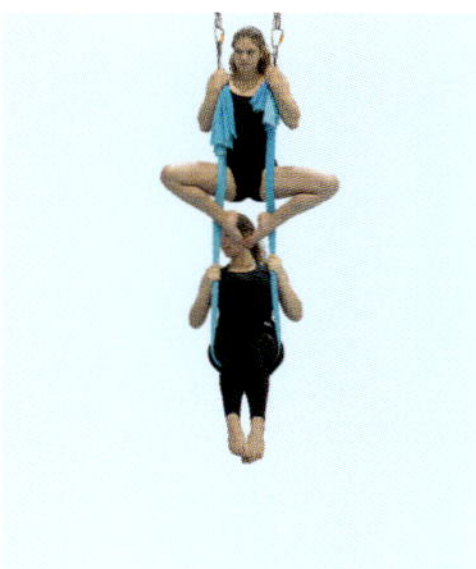
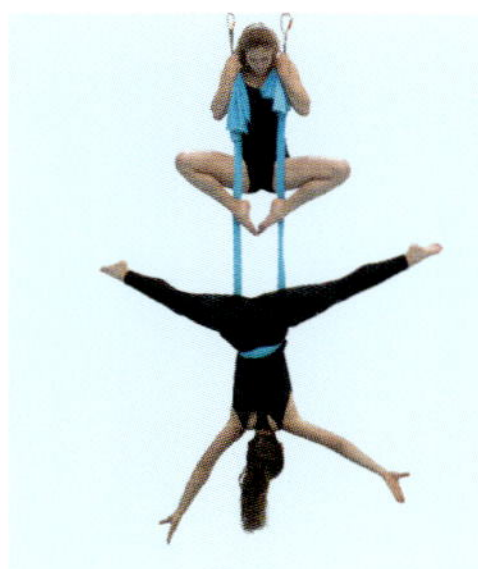
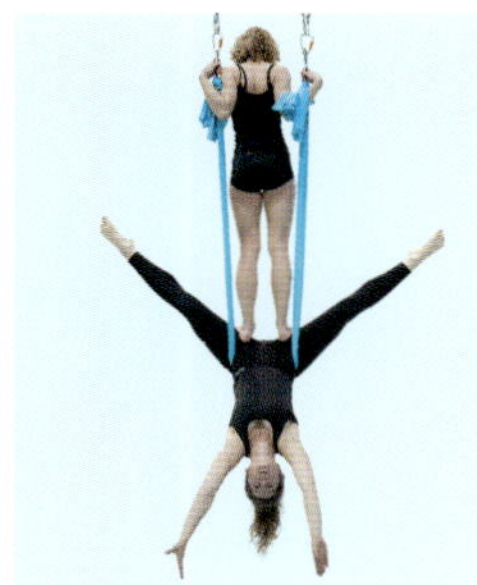

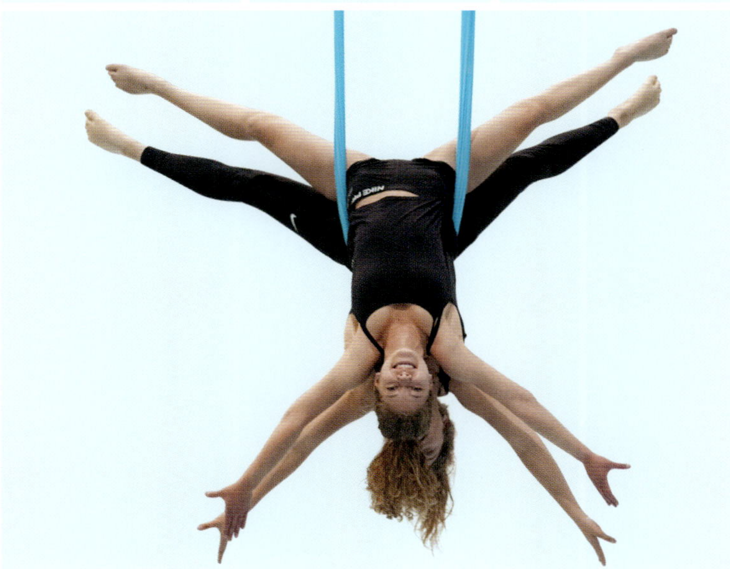

Diese Position kann etwas weh tun, ist aber definitiv ein Eyecatcher

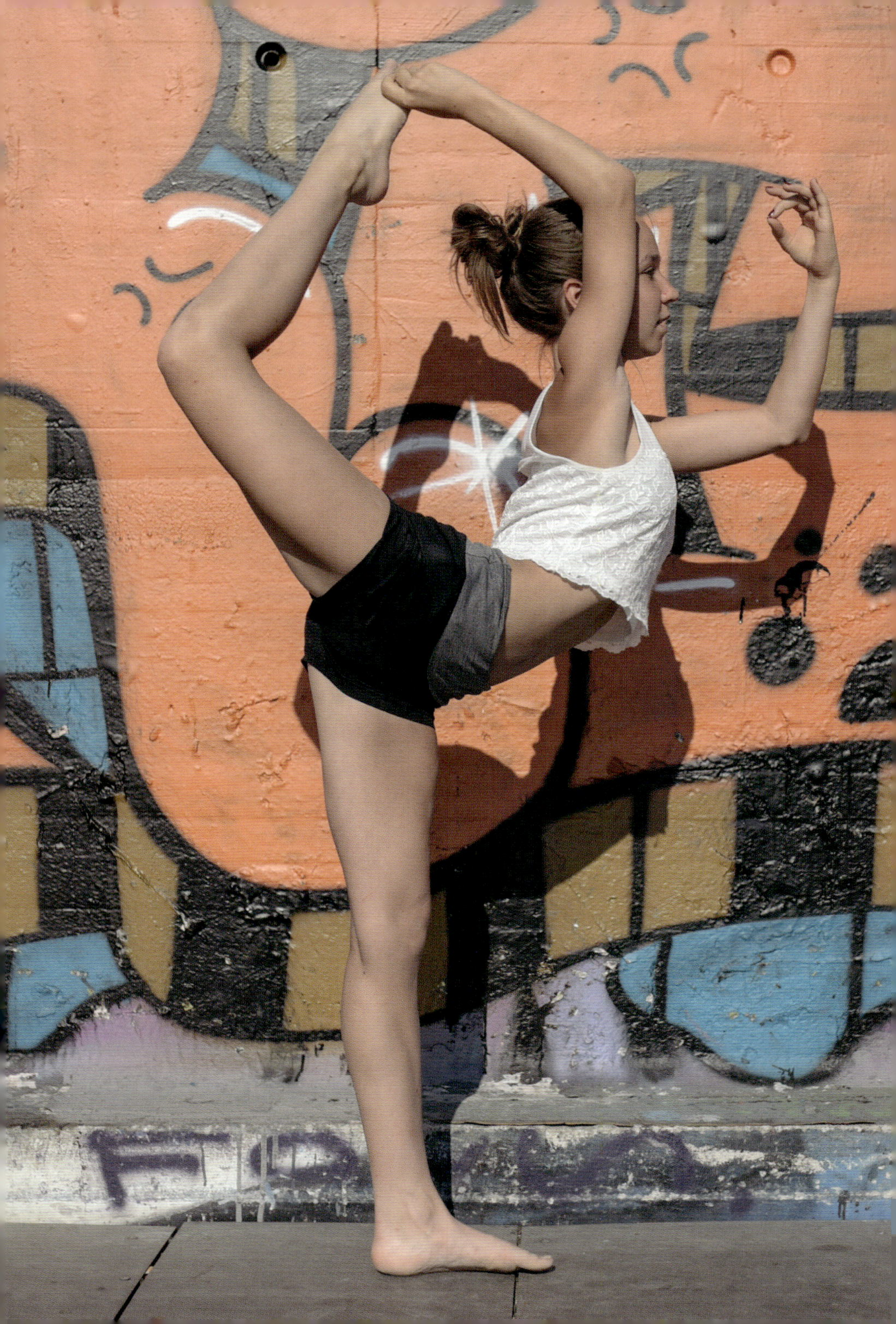

Show Acts

**Akrobatik ist eine darstellende Kunst. Es gilt also, die neu gelernten Kunststücke spielerisch und ästhetisch zu inszenieren.
Im folgenden Kapitel finden sich einfache Ideen für spektakuläre Show-Einlagen.**

Acrobatics Show Acts

Die Homestory

Bevor man sich mit Freestyle-Figuren in die Stadt wagt, probiert man am besten erst einmal ein bisschen zu Hause aus. Haus und Garten bieten viele Ansatzpunkte, um lebendige Kunstwerke zu inszenieren.

Beispiele für gute Herumhänge-Gelegenheiten in Haus und Garten:

- Ein kräftiger Baum
- Eine Kinderschaukel
- Ein Türrahmen
- Das Treppenhaus/-Geländer

Die Regeln sind wie folgt:

- Bevorzuge die Fenster im Erdgeschoss.
- Prüfe jede Aufhängung auf ihre Stabilität, bevor du sie beturnst, und probiere zuerst eine einfache Figur aus, bevor du etwas Schwieriges und/oder kopfüber turnst.
- Bei Ideen mit elektrischen Geräten vorher Sicherung ausschalten.
- Bitte Jemanden um Hilfe, wenn Du zum ersten Mal ein neues Gerät behängst.

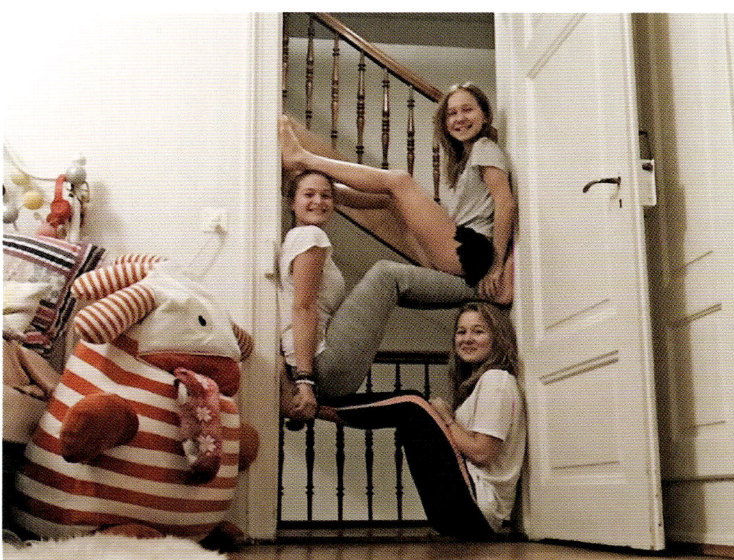

Beste Freundinnen sind stark und flexibel

Acrobatics Show Acts

Die Meerjungfrau auf der Suche nach der versunkenen Seife

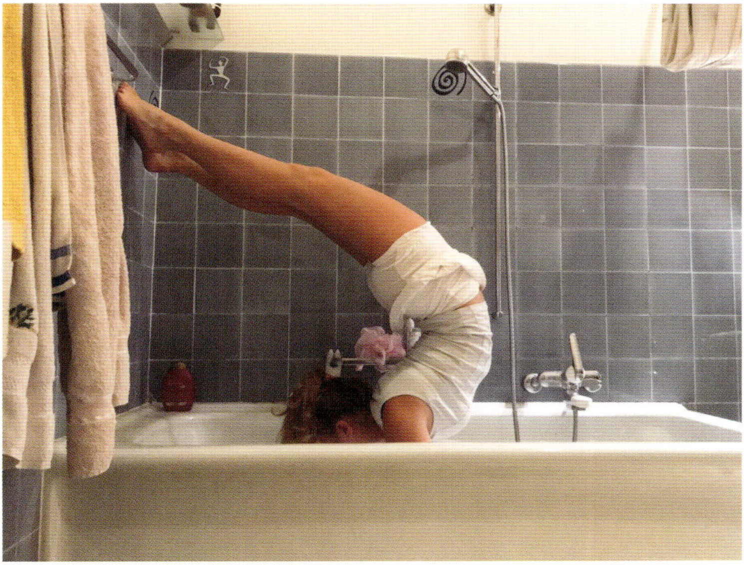

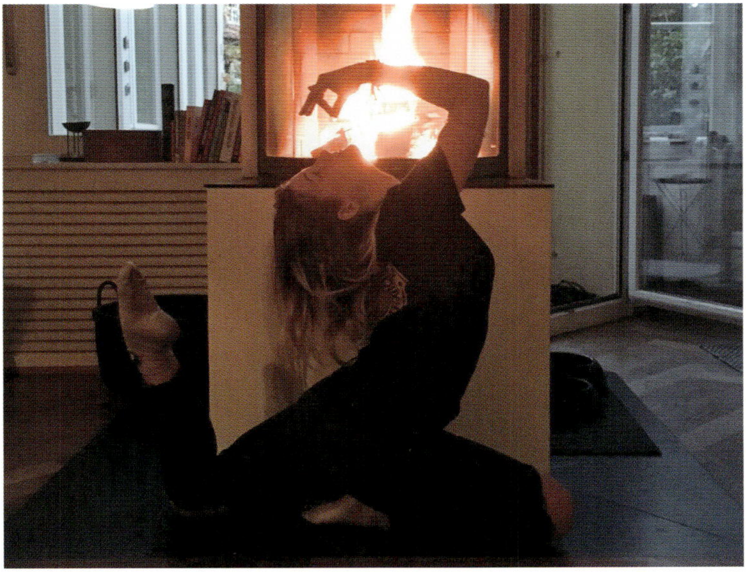

Es gibt Hausdrachen, die können richtiges Feuer speien ;-)

Acrobatics Show Acts

Mein schönstes Ferienerlebnis!

Normalerweise beginnen so die beliebten Aufsätze am ersten Schultag nach den Ferien. Bei dieser Übung sind die Turnenden vor allem während der Ferien gefragt. Wer bringt das coolste Akrobatik-Ferienfoto nach Hause?

Je nach Klasse/Gruppe kann man hierzu auch bestimmte Bewertungskriterien vorgeben, z. B.:

- Bildaussage
- Originalität
- Bezug zu einem vorgegebenen Thema oder Objekt (s. auch S. 122)

Oder man lässt gezielt Bilder schießen:

- Passend zu einem Zitat, oder Slogan, z. B. «Just do it»
- Die eine Tätigkeit künstlerisch darstellen, z. B. «Herumhängen»
- Als Visualisierung eines beliebten Hashtags, z. B. #yolo, #swag, #powergirl, #teamwork, etc.

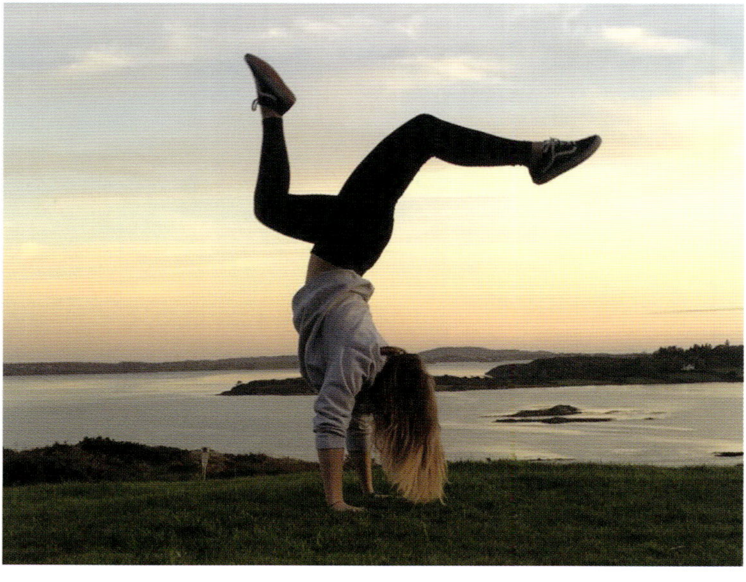

Solche Erinnerungen schaut man immer wieder gerne an

«Yolo!», spricht der Frosch und springt in den Pool!

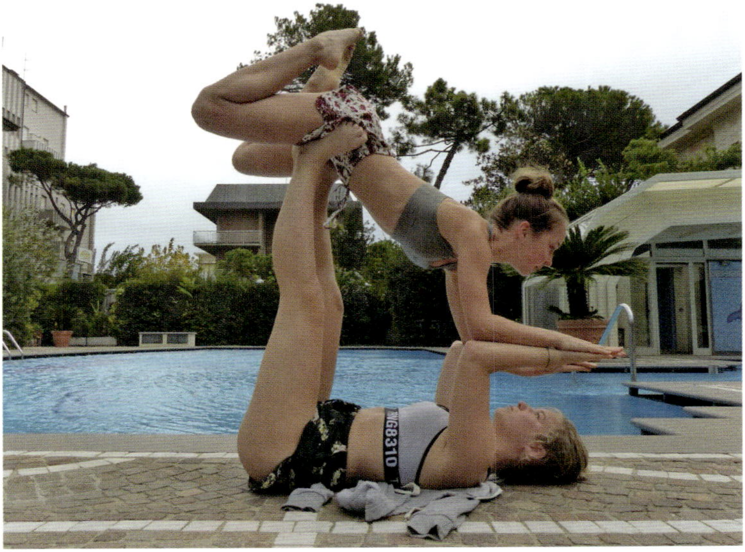

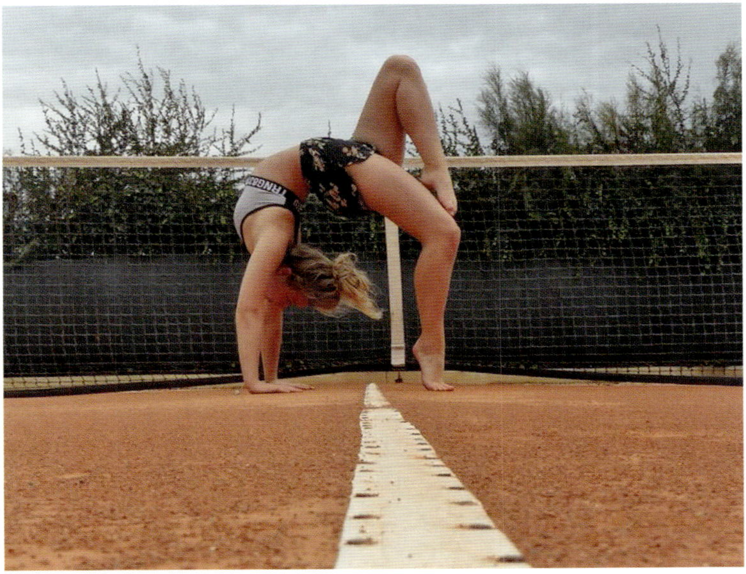

Auf dem ennisplatz lassen sich elegante Linien kreieren

Acrobatics Show Acts

Every corner is a stage!

Ob in der Straßenbahn, im Garten oder im Schulhaus – der Alltag hält zahreiche Gelegenheiten bereit, um akrobatische Kunststücke zu inszenieren – alleine, zu zweit oder in Gruppen. Die Lehrperson kann hierbei den Rahmen mehr oder weniger offen gestalten.

Varianten

- Das Objekt vorgeben, an dem geturnt werden soll.
- Anzahl Personen vorgeben, welche gemeinsam turnen sollen.
- Figur(en) vorgeben, die geturnt werden sollen – z. B. Brücke, Handstand, Kopfstand, Skorpion, …
- Anzahl und Art der Körperteile bestimmen, die den Boden berühren dürfen.

Ideen

- Fenster- oder Türrahmen
- Verkehrsschilder/Ampeln
- Haltestangen in Tram oder Bus
- Straßenlaternen
- Zäune

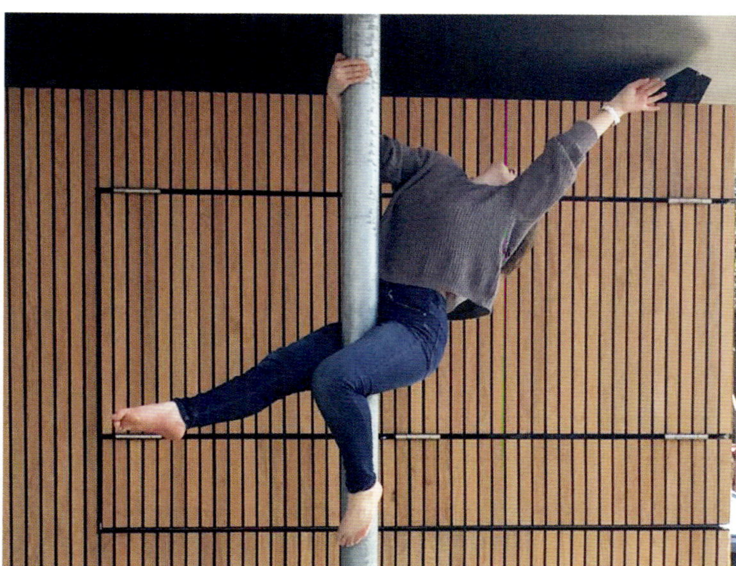

Der neue Trend: Outdoor-Pole-Akrobatik

Acrobatics Show Acts

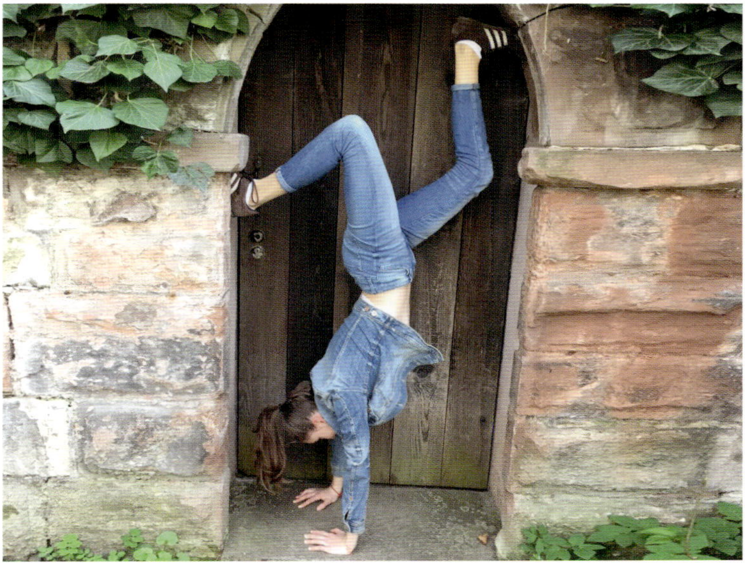

Diese Tür hat so gewöhnlich und einsam usgesehen. Aber dann kam Nora!

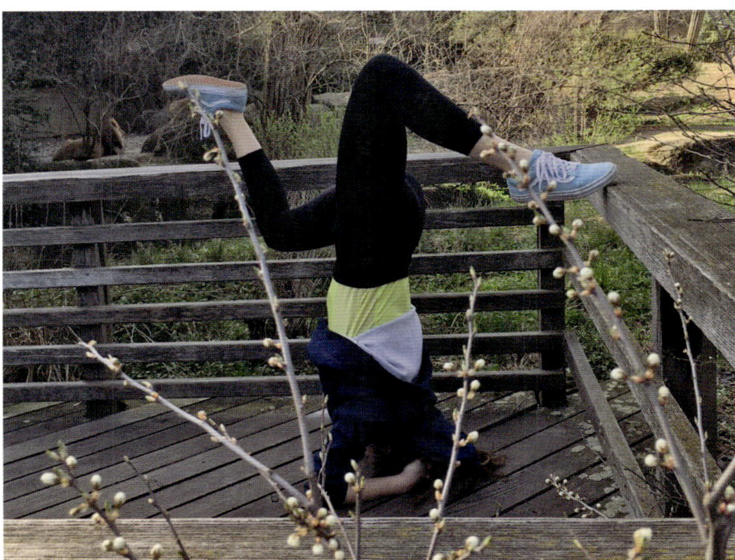

Es muss nicht nmer eine Sprossen-vand sein! Auch ein Zaun ist ine große Hilfe fürs Gleichgewicht

Acrobatics Show Acts

Downtown Battle

Die Gruppe trifft sich an einem speziellen Ort in der Stadt – z. B.:

- In einem verlassenen Industriegelände
- Im Wald
- Im Park
- In einem Containerhafen

Die ganze Gruppe erstellt eine Chat-Gruppe. Nun werden Teams à 3–4 Personen gebildet. Die Teams bekommen eine Stunde Zeit, um die Gegend zu erkunden, geeignete Schauplätze zu finden und ihre Lieblings-Kunststücke dort in Szene zu setzen.

Die Regeln sind wie folgt:

- Turne nur Kunststücke, die Du sicher beherrschst.
- Achte auf einen passenden Hintergrund – versuch, Dein Kunststück gezielt in Kombination mit dem gewählten Umfeld zu inszenieren!
- Fotografiere dein Werk.
- Nach Ablauf der Stunde (und erst dann!) werden die Bilder in den Gruppenchat gepostet, sodass alle die kreativen Erzeugnisse bewundern können.

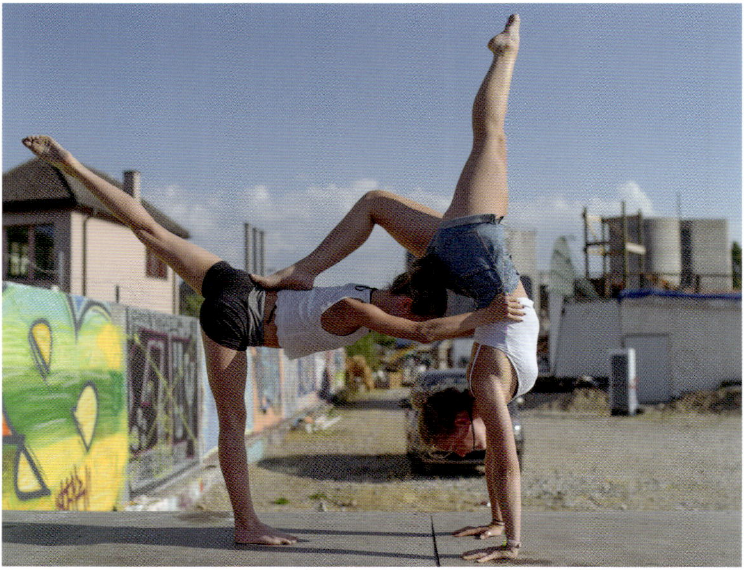

Psst: hier sieht man eine ganz neue Figu[r], die sponta[n] am Set ent[-] standen is[t].

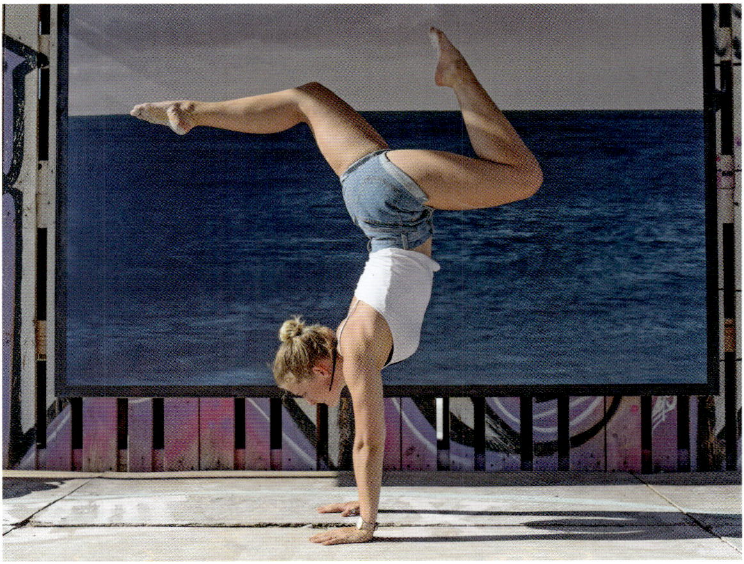

Tipp: Der Spotter lässt den uß nur fürs Foto einen Moment lang los

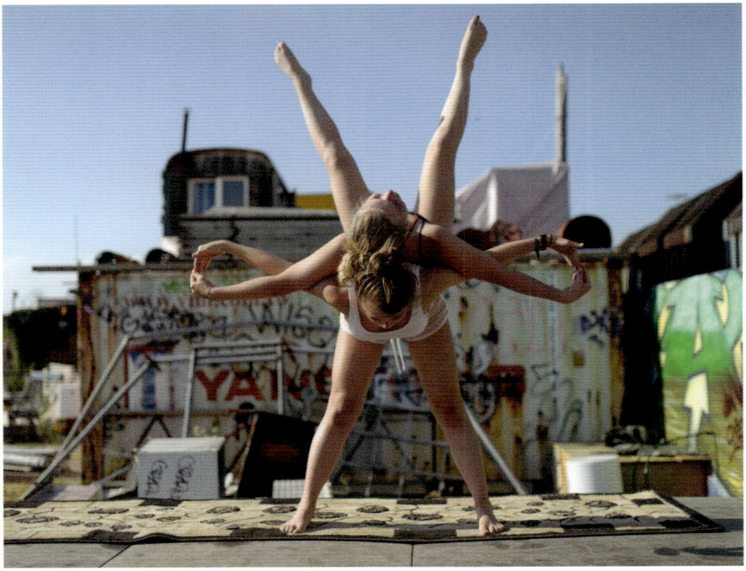

Ein cooler ntergrund nacht eine einfache Figur zum Kunstwerk

Acrobatics Show Acts

Animal Acrobatics

Diese Übung baut auf «Homestory» (S. 122) auf. Es geht nun darum, eine Tierart auf künstlerische Art und Weise zu interpretieren und dies umzusetzen. Hierzu geht man so vor:

- Es werden Teams von 3–4 Personen gebildet.
- Jedes Team wählt eine bestimmte Tierart aus, studiert diese und bestimmt gemeinsam typische Merkmale der gewählten Tierart. Dies können natürlich existierende Eigenschaften sein (z. B. die Hörnchen der Giraffe), aber auch Klischees, welche viele Menschen mit diesem Tier verbinden (Spielball beim Seelöwen).
- Danach wird der Kleiderschrank nach Textilien durchsucht, die sich als Kostüme eignen. Wichtig: Die Darstellung muss nicht naturgetreu sein. Die Eigenschaften des Tiers werden symbolisch wiedergegeben – mit einer typischen Farbe, einem Material, einem Requisit … Natürlich darf mit Schminke nachgeholfen werden.
- Zum Schluss werden die Kunststücke fotografiert.

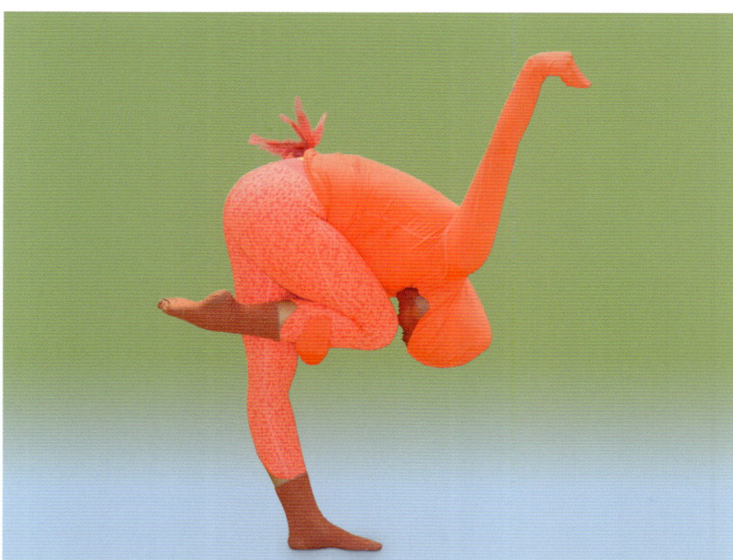

Pinke Leggings, Kapuzenshirt und ein paar gefärbte Federn – fertig ist d Flamingo!

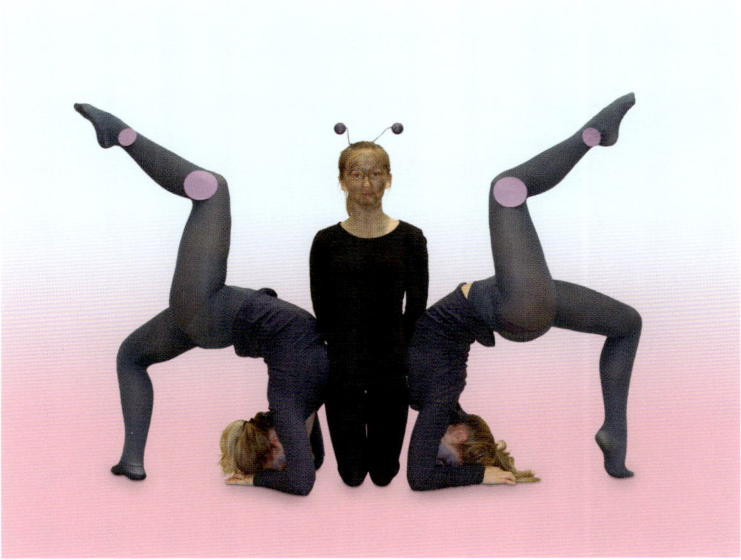

Ausgewählte Details (Fühler aus Draht, Punkte aus Papier) schaffen die Assoziation zum Schmetterling!

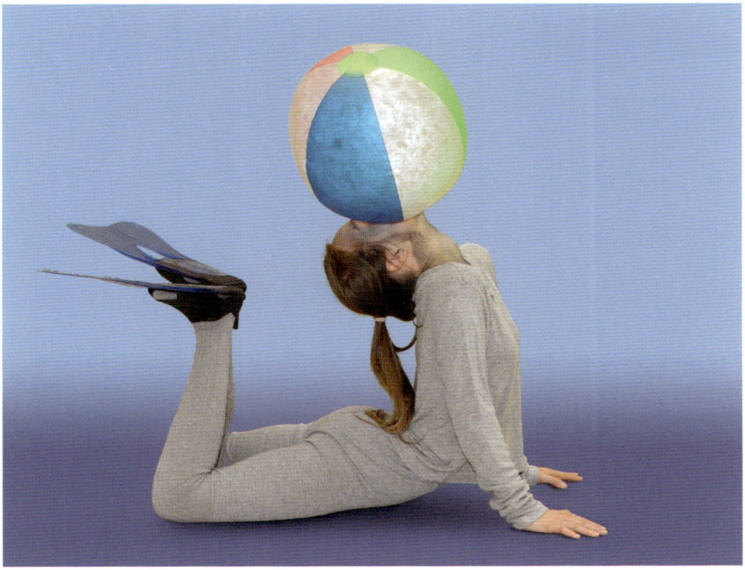

Mit Schwimmflossen, Plastikball und Pyjama wird ein richtiger Seelöwe gebaut

Materialtipps

Material für Burner Acrobatics findet sich in den meisten Turnhallen, mit Ausnahme der U-Flys. Diese – und vieles mehr – finden sich hier: www.burnershop.ch

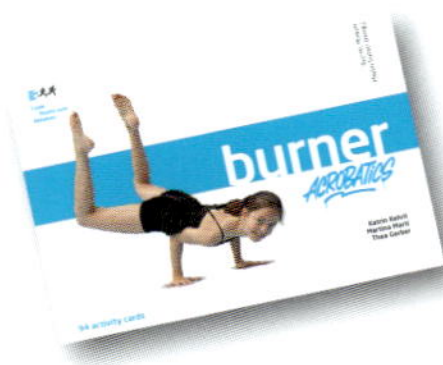

Burner Acrobatics Activity Cards

Kinder und Jugendliche selbstständig arbeiten lassen und unterrichten, ohne vorzeigen zu müssen? Das gelingt mit den attraktiven und praktischen Acrobatics Activity Cards. Das Set umfasst 94 Karten und zeigt alle im Buch vorgestellten Stunts in Reihenbildern.

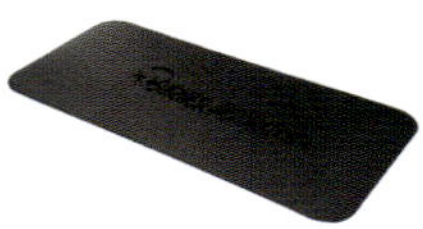

Floor Stunt Mat

Für die Boden-Akrobatik, insbesondere die Partner-Figuren, eignet sich eine dünne Yoga- oder Fitnessmatte.

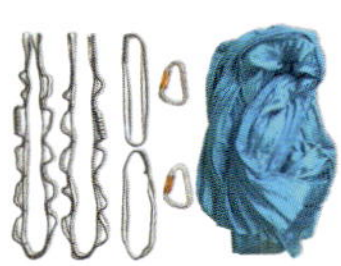

U-Fly Sets

Ein stabiles Tuch aus querelastischem Stoff, zwei Sicherheitskarabiner, zwei Slings und zwei Daisy Chains braucht es für eine U-Fly-Montage.

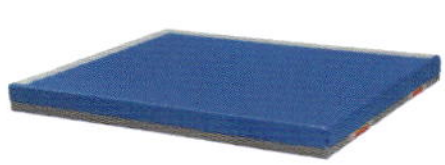

Crash Pads

Um den Sturzraum bei hohen Pyramiden, schwierigen Figuren oder hohen U-Fly-Figuren zu polstern, empfehlen sich Crash Pads aus dem Kletterbedarf, 16er-Matten oder dicke Sprungkissen.

Quellen und Literatur

Die Stunts im vorliegenden Buch sind bei der täglichen Arbeit in der Turnhalle entstanden – und aus der reichen Erfahrung der Autorinnen. Inspiration fand sich auf Instagram, Pinterest und Youtube. Ferner verwendet:

- Blume, Michael (1995). Akrobatik mit Kindern & Jugendlichen. Aachen: Meyer & Meyer.

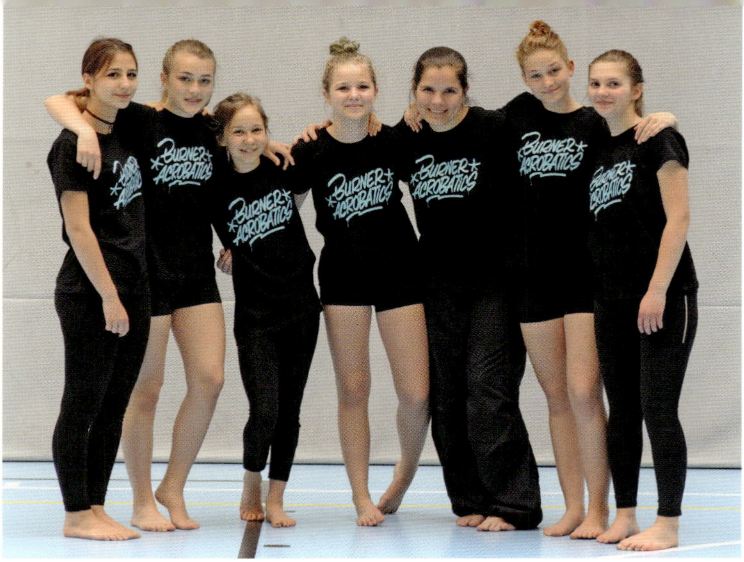

Ein großes Danke

Ein Burner Team für Burner Acrobatics!

An dieser Stelle möchte ich allen, die zum Gelingen dieses Buches beigetragen haben, ganz herzlich danken. An erster Stelle stehen hier die drei engagierten Autorinnen sowie meine Schülerinnen und Schüler vom Gymnasium Leonhard Basel, die in ihren Sportlektionen sowie in ihrer Freizeit Dutzende von Stunts entwickelt und erprobt haben, um eine Sammlung von wirklich neuen, innovativen und jugendnahen Ideen zu kreieren. Danke vielmal an Tabea, Sophie, Helen, Enya H., Enya K., Sofia, Anna Katarina, Elena, Isatou, Elisha, Paula und Zoe!

Eine ganze Reihe von begeisterten Jugendlichen hat sich zur Verfügung gestellt, um die Action-Pictures für dieses Buch zu produzieren, danke vielmals an die Turnerinnen der Turnfabrik Frauenfeld sowie den Zirkus-Kids vom TV Lyss.

Ein weiteres großes Dankeschön geht an den Fotografen Christian Rosenberger. Elisabeth Sutter danke ich für die Unterstützung beim Testen der Stunts auf der Primarstufe und Marco Obrist für das sorgfältige Lektorat.

Und ganz besonders möchte ich allen kleinen und großen Sportbegeisterten aus meinem Umfeld danken für ihre Inspiration, die immer wieder neue Projekte entstehen lässt.

Muriel Sutter, Herausgeberin, im März 2018

////////// Bücher zum Thema ////

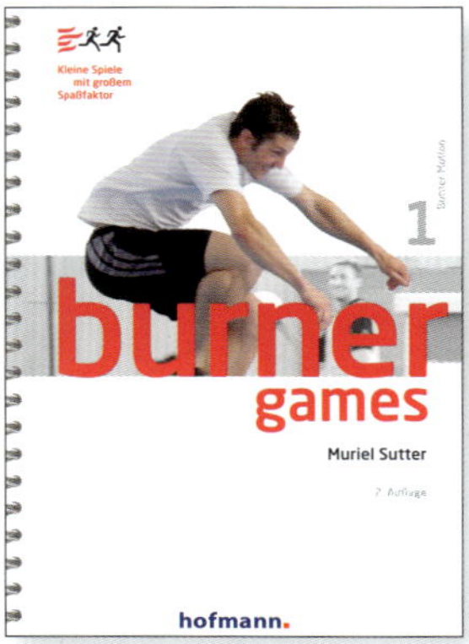

2014. DIN A5, 56 Seiten
ISBN 978-3-7780-2912-1

Bestell-Nr. 2912 € 14.90
E-Book auf sportfachbuch.de € 11.90

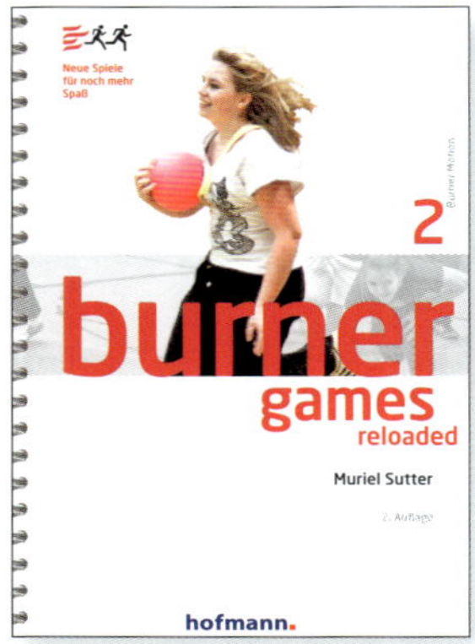

2015. DIN A5, 64 Seiten
ISBN 978-3-7780-2922-0

Bestell-Nr. 2922 € 16.90
E-Book auf sportfachbuch.de € 13.90

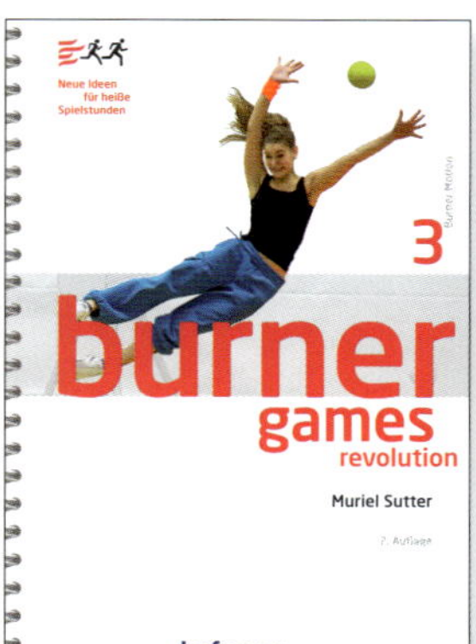

2016. DIN A5, 64 Seiten
ISBN 978-3-7780-2932-9

Bestell-Nr. 2932 € 16.90
E-Book auf sportfachbuch.de € 13.90

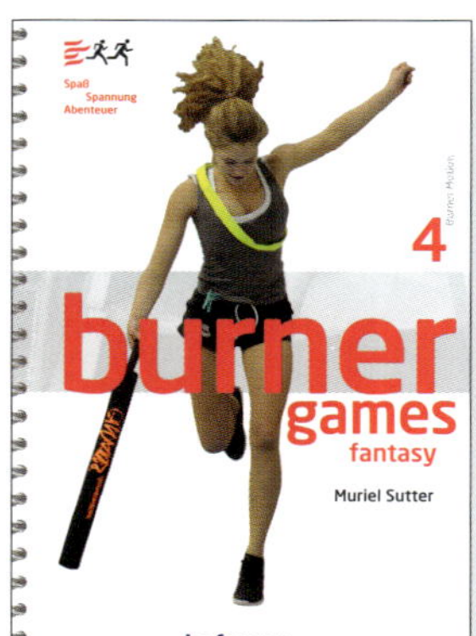

2016. DIN A5, 72 Seiten
ISBN 978-3-7780-2971-8

Bestell-Nr. 2971 € 16.90
E-Book auf sportfachbuch.de € 13.90

Burner Games sind attraktive kleine Spiele, die viel Spaß und Spannung in den Sportunterricht bringen. Inspiriert von emotionalen Momenten aus Filmen, Computerspielen, Fernsehshows, Volksfesten und großen Wettkämpfen begeistern die Games auch Bewegungsmuffel. Die Spiele sind sehr einfach zu organisieren und zu leiten, stärkere und schwächere Spielende sind stets gut eingebunden. Im Zentrum stehen immer Spaß an der Bewegung und Spannung im Spiel.

Die Spiele sind für alle Altersgruppen geeignet.

Versandkosten € 2.–; ab einem Bestellwert von € 20.– liefern wir innerhalb von Deutschland versandkostenfrei.

hofmann. VERLAG

Steinwasenstraße 6–8 · 73614 Schorndorf
Telefon (0 71 81) 402-0 · Telefax (0 71 81) 402-111
E-Mail: bestellung@hofmann-verlag.de · www.sportfachbuch.de

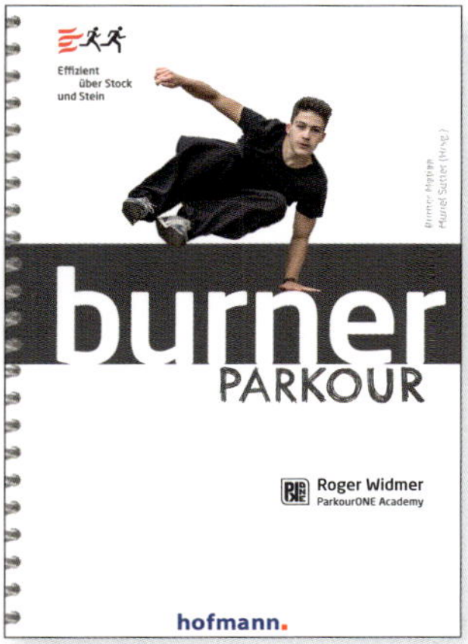

Roger Widmer

Burner Parkour

Effizient über Stock und Stein

2016. DIN A5, 64 Seiten
ISBN 978-3-7780-2961-9

Bestell-Nr. 2961 € 16.90
E-Book auf sportfachbuch.de € 13.90

Ein Buch für Lehrpersonen. Parkour-Coaches, Traceure und alle, die direkt mit Parkour starten möchten. Lernen Sie Parkour auf eine unkonventionelle und spielerische Art kennen. Mit diesem Lehrmittel ist es ein Leichtes eine Lektion zu planen, strukturieren und umzusetzen. Der Entwicklungsprozess der Teilnehmenden und das Erlebnis stehen dabei im Zentrum. Erfahrungen in Parkour-Techniken sind dabei nicht notwendig!
Burner Parkour – Eine erlebnisorientierte Anleitung mit breitgefächerten Spielen und Inhalten. Körperlichkeit kann und darf hier erlebt werden. Spiele den Kampf!

Versandkosten € 2.–; ab einem Bestellwert von € 20.– liefern wir innerhalb von Deutschland versandkostenfrei.

hofmann. VERLAG

Steinwasenstraße 6–8 · 73614 Schorndorf
Telefon (0 71 81) 402-0 · Telefax (0 71 81) 402-111
E-Mail: bestellung@hofmann-verlag.de · www.sportfachbuch.de

Bibliografische Information der Deutschen Nationalbibliothek

Die Deutsche Nationalbibliothek verzeichnet diese Publikation in der Deutschen Nationalbibliografie; detaillierte bibliografische Daten sind im Internet über http://dnb.d-nb.de abrufbar.

Bestellnummer: 2981

www.hofmann-verlag.de

Erschienen als Band 8 der
Reihe Burner Motion

Fotos: Christian Rosenberger
Layout: Mirjam Stücker-Allenspach

Druck: Druck- und Kalender-Marketing Sosset GmbH, Kißlegg

Printed in Germany
ISBN 978-3-7780-2981-7